(par Ant. Blanc
dit Leblanc de
Guillet)

LE CLERGÉ DÉVOILÉ,

OU LES

ÉTATS-GÉNÉRAUX

De 1303.

TRAGÉDIE.

Dédiée aux Amis de la Constitution,

Par l'Auteur des Druides.

Un Prêtre est, des humains, l'ornement ou l'horreur.

Druides. Act. 2 Sc. 6

A PARIS,

Chez BOULARD Imprimeur-Libraire Rue Neuve-Saint-Roch N°. 51,

Et chez tous les Marchands de Nouveautés.

ACTEURS.

Le Comte d'ARIMON.

LEONOR, fille du Comte.

Le Baron de SERGINE.

VERTEUIL, fils du Baron.

GONTIER, fils d'ADALBERT, Laboureur.

BERNARD de SAISSET, Evêque de Pamiers. JEAN LE MOINE, Cardinal. JACQUES de NORMANS, Archidiacre de Narbonne.	Légats du Pape Boniface VIII.

Le Marquis de VAISY.

ADELE, attachée à LEONOR.

Un Ecuyer.

Un Officier du Roi.

Ducs, Comtes, Barons, Marquis & autres Nobles; Cardinaux, Evêques, Prélats, Abbés & autres Prêtres; Chevaliers, Ecuyers, Peuple.

La Scène est à Paris, dans le Palais du Comte d'Arimon.

Il n'eſt perſonne d'un peu inſtruit qui ne connoiſſe le différent de Philippe-le-Bel avec Boniface VIII. On ſait à quels excès ce Pape audacieux porta l'inſolence contre ce Roi. On n'ignore pas que ce fut pour la réprimer que celui-ci convoqua les Etats-Généraux, & que, pour la première fois, il y appella le Peuple pour ſe fortifier de plus de voix contre les attentats de Rome, alors ſi dangereux.

C'eſt ſur cet évènement mémorable que cette Tragédie eſt fondée. Tout y eſt inventé; mais les faits qu'on y rappelle ſont conſignés dans l'Hiſtoire, ainſi que les caractères de la plupart des Perſonnages. On a tâché d'y peindre les mœurs de ces ſiècles barbares, & celles que deux claſſes d'hommes ont eues dès leur origine, & conſervent peut-être encore.

Il eſt venu le temps où le Théâtre,

jusqu'à nos jours presque inaccessible à la vérité, doit être la Tribune d'où elle tonne contre les Tyrans de tout genre, & les préjugés dont ils tiroient tant de parti pour opprimer l'humanité.

LE CLERGÉ DÉVOILÉ,

OU LES

ÉTATS-GENERAUX

De 1303.

TRAGEDIE.

ACTE PREMIER.

SCENE PREMIERE.

LEONOR, ADELE.

LEONOR.

E[illegible] ouvrir cette Assemblée auguste,
[illegible] Rome & d'un Pontife injuste?

Cette assemblée, Adèle, où les droits de l'Etat,
Ceux de l'Eglise, enfin, pesés avec éclat;
Nous allons constater la grandeur de la France,
Et, du pouvoir des Clefs, sa juste indépendance!
Demain, dans son Palais, le superbe Paris,
Pour la première fois, verra donc réunis
Le Clergé, la Noblesse & ce Peuple fidèle,
Qu'avilit si long-tems un erreur trop cruelle!

ADELE.

Déjà leurs Députés, vers ces heureux remparts,
Pressés par leur devoir, volent de toutes parts,

LEONOR.

Qu'il m'est doux, qu'à ce Peuple, osant rendre justice,
D'une Loi tyrannique, un grand Roi l'affranchisse,
Qu'il honore enfin l'homme et traite en citoyens,
Ceux qui, dans tout Empire, en sont les vrais soutiens!

ADELE.

Quoi vous, qu'à nos regards distingue un sang illustre,
Vous qui, par tant d'éclat, en rehaussés le lustre,

Vous dont les grands ayeux, par des titres si sûrs,
Remontent, d'âge en âge, aux tems les plus obscurs!
Quel tendre mouvement, quel intérêt, Madame,
Pour ce malheureux Peuple, a pu toucher votre âme?

LEONOR.

L'équité, chère Adèle, & l'amour des Humains.
Quand j'ai vu ces Mortels, objets de nos dédains,
Des plus rares vertus déployer la lumière,
Des Arts & du Génie étendre la carrière
Et par-tout où la force, où l'orgueil des Etats;
Quand mes yeux les ont vus, Citoyens & Soldats,
Au-dehors, au-dedans, l'espoir de la Patrie,
Par eux seuls défendue, illustrée & nourrie;
J'ai rougi mille fois qu'elle ait pu si long-tems
Oser les retrancher du rang de ses enfans,
Et je rends grâce au Roi qui, distinguant leur zèle,
Politique plus sage, enfin les y rappelle.

ADELE.

Qu'un sentiment si juste est bien digne d'un cœur
Que n'éblouit jamais une fausse grandeur!
Qu'il est beau de vous voir, sensible & populaire,
Triompher d'une erreur, à vos pareils, si chère,

Et, dans l'homme qu'envain le ſort tient abattu,
Malgré votre grand nom, diſtinguer la vertu!

LEONOR.

Et l'homme eſt-il donc noble, eſt-il grand que par elle?
Et moi, moi qui l'ai vue & ſi pure & ſi belle
En des cœurs généreux que, dans nos longs malheurs,
Le Ciel nous ſuſcita pour eſſuyer nos pleurs,
Pour protéger mon père & ſauver une vie,
Par le crime puiſſant, ſi long-tems pourſuivie,
Hors elle, ſous les cieux, que puis-je voir de grand?
O jour! ô ſouvenir toujours cher & préſent!
Jour où mon triſte père, errant de ville en ville,
Calomnié, proſcrit, ſans ſecours, ſans aſyle,
Trouva, chez Adalbert, en ſes paiſibles champs,
Une retraite sûre & des ſoins ſi touchans!
Des plus ſombres horreurs, ſi long-tems ſurchargée,
De quel poids, tout-à-coup, je me vis ſoulagée!
Lentement échappée à la nuit du tombeau,
Mes yeux ſembloient s'ouvrir dans un monde plus beau.
Oui. Revenant à moi, je crus auſſi renaître;
Je crus trouver mon cœur, ... pour le perdre peut-être.

ADELE.

Comment?

LEONOR.

Dans leur maiſon, reçue, ainſi que nous,
Tu le vis, quel accueil auſſi ſimple que doux,
Et le fils, & le père, affrontant la tempête,
Nous fit, en arrivant, au péril de leur tête.
Le fils! . . . dans leur famille adoptés, dès ce jour,
Tu les vis, près de nous, empreſſés tour-à-tour,
Prévenir, honorer notre affreuſe misère,
Nous en cacher l'opprobre & nous la rendre chère
Pour nous avoir jettés dans un port ſi riant.

ADELE.

Quel bonheur, en effet, que le Ciel bienfaiſant
Eût daigné vous l'ouvrir, après un tel nauffrage!

LEONOR.

Quand mon père, d'abord abattu par l'orage,
Eût rappelé ſa force, eût ranimé ſes ſens,
Libre de ſes chagrins, pour moi ſi déchirans,
Dans ce ſéjour de paix, avec toi, renfermée,
Que tout portoit la joye à mon ame charmée!
Spectacle raviſſant! l'amitié, la candeur,
L'union, tout enfin ce qui peut rire au cœur,

Ce qui, de vains desirs, calme ou prévient la guerre!
Ah, si le vrai bonheur est jamais sur la terre,
Si l'homme peut prétendre à ce don précieux,
C'est à de tels humains, que l'accordent les cieux.

ADELE.

Ah, ce tableau si doux dont votre ame attendrie,
Après plus de six mois, paroît encor remplie,
Vous la verriez par-tout dans ces foyers obscurs,
Chez ces mortels voués aux devoirs les plus purs
Que méprisoit l'orgueil, qu'oublioit l'injustice.

LEONOR.

Va je le crois sans peine, &, si le Ciel propice,
Le Ciel, de mes destins, m'avoit laissé le choix,
Ah, prompte à me soustraire à d'orgueilleuses loix,
Qu'avec ravissement, de mon rang descendue,
Je me verrois, Adèle, avec eux, confondue!

ADELE.

Vous! lorsque votre père, au faîte des grandeurs,
Voit, chaque jour encore, accroître ses honneurs?
Victime, il est trop vrai, de la plus noire envie,
Long-tems, dans l'infortune, il a traîné sa vie;

Mais, auprès de ſon Prince, avec art, abuſé,
Par d'indignes rivaux, lâchement accuſé,
Le tems a, de ſon cœur, dévoilé l'innocence,
Et, ſur ſes ennemis, appelé la vengeance.
Tandis qu'il les voit tous flétris, humiliés,
Dévorer leur opprobre & trembler à ſes pieds,
Vous le voyez lui-même, environné de gloire,
A leurs yeux éperdus, jouir de ſa victoire,
Cher au Prince, à l'Etat, honoré, reſpecté,
Et, de ſon ordre enfin, le premier Député.

LEONOR.

Que m'importe un éclat qu'il nous faut toujours
craindre,
Qu'un rival peut ternir, qu'un revers peut éteindre?
Ah, qui pourra me rendre à ces vallons ſi doux
Où n'ont point pénétré nos préjugés jaloux,
Où les mortels égaux, libres, dans l'innocence,
Des tourmens de l'orgueil & de la défiance,
Nobles de leur ſeul être, ont de ſi beaux deſtins!
Que j'y coulois, en paix, des jours purs & ſereins!
Que je m'y voyois grande, inconnue & cachée!
Avec quel déſeſpoir je m'en ſuis arrachée!
Adèle, je ſentis, qu'en ce triſte Palais,
Tout plaiſir, tout repos m'alloit fuir pour jamais.

Combien, dès ce moment, j'y dévorai d'alarmes!
Le Ciel enfin, le Ciel prend pitié de mes larmes.
Si je ne revois plus ce temple du bonheur,
Ces champs, ce toît rustique où me survit mon cœur,
Ce bord, charme & tourment de ma triste mémoire,
J'en vais revoir du moins, l'ornement & la gloire;
Je vais..... ah, tant de trouble accable mes esprits,
De notre bienfaiteur, je vais revoir le fils.

ADELE.

Quoi, Gontier? ...

LEONOR.

Député, par un choix unanime,
Il vient, de sa Cité, justifier l'estime.
Il accourt, plein de zèle. Il arrive en ces lieux.
Oui, l'aimable Gontier va paroître à tes yeux:
C'est ce que, dans sa joie, avant que de s'y rendre,
Par un secret message, il a daigné m'apprendre.

ADELE.

A vous!

LEONOR.

De noirs chagrins si long-temps oppressé,
Comme, au-devant de lui, mon cœur s'est élancé!

Comme il palpite encore & l'accuse peut-être,
D'un retard qui me tue, & dont il n'est pas
maître !

ADELE.

Qu'entends-je ?

LEONOR.

A ce transport, je vois, en ce moment,
Je vois, dans tes regards, ton juste étonnement.
Ah, ne reproche point à ta tremblante amie
D'avoir pu te cacher ce secret de sa vie.
De tant de préjugés assiégée en tous lieux,
Pouvois-je déployer, fut-ce même à tes yeux,
Cet amour, ce penchant que, malgré son empire,
A mon cœur, comme au sien, tout sembloit
interdire,
Qu'il s'est tant reproché, pour qui j'ai tant
pleuré,
Que, par mes tendres pleurs si souvent rassuré,
Redoutant ce vain nom, ce haut rang que
j'abhorre,
En cet instant, peut-être, il se reproche encore,
Et que j'aime à nourrir, & qui fait mon tour-
ment ?

ADELE.

Mais pouviez-vous penser, dans votre égare-
ment,

Qu'un père, si jaloux des droits de sa naissance,
Approuveroit jamais une telle alliance ?

LEONOR.

Eh, l'amour, son délire, en ses transports vainqueurs,
Voit-il, peut-il rien voir que ce concert des cœurs,
Cet attrait invincible où, promts à se répondre,
L'un dans l'autre bientôt ils semblent se confondre ?
Et que faut-il de plus pour former ces beaux nœuds
Qui, seuls toujours constans, font seuls les vrais heureux ;
Ces nœuds saints & sacrés que le ciel même avoue ?
Des noms, des titres vains dont le hasard se joue,
Qu'il dispense en aveugle, & dont l'éclat trompeur
Fait le masque de l'homme & non pas sa grandeur ?
Non, pour Gontier, crois moi, je fléchirai mon père.

ADELE.

Osez-vous l'espérer ?

LEONOR.

Ah, si je lui fus chère,

S'il se souvient toujours des bienfaits d'Adalbert,
Lorsqu'en ce cœur sensible, à ses regards ouvert,
Il verra quel tourment, quelle flamme il recèle,
Pourra-t-il démentir sa bonté paternelle?
Pourra-t-il me confondre & me donner la mort?
Non, mon père, en tes mains, je vais mettre mon sort.
Je vais. . . Il vient lui-même. Ah! j'espère & tremble.

SCENE II.

LEONOR, ADELE, LE COMTE.

LE COMTE.

MA fille, vous savez qu'aux Etats qu'on assemble,
Exclus de cet honneur par nos antiques Loix,
Le Peuple est appelé pour la première fois.

LEONOR.

Oui. J'en ai, du Monarque, applaudi la sagesse.

LE COMTE.

Applaudi! savez-vous que les Grands, la Noblesse,

Les Miniſtres des cieux, Paſteurs, Abbés,
Prélats,
En frémiſſent de rage, & ne ſouffriront pas,
Dans cette auguſte Diète organe de la France,
D'un vil Peuple, avec eux, l'indigne concurrence.

LEONOR.

Vil! eh quoi, de l'Etat portant comme eux le faix,
Né ſous le même ciel, n'eſt-il donc pas François?

LE COMTE.

Non: &, juſqu'à ce jour, étranger à l'Empire,
A le repréſenter c'eſt en vain qu'il aſpire.
Ce droit, aux Nobles ſeuls, eſt tranſmis par le ſang.
Les Prélats que leur titre élève au même rang,
Jaloux du même droit, ſongent à le défendre;
Et tous, ſi déſormais quelqu'autre oſe y prétendre,
Sont prêts à repouſſer un affront ſi honteux.
C'eſt ce qu'en m'invitant à me joindre avec eux,
Ils m'ont fait annoncer par le brave Sergine.

LEONOR.

Ils pourroient allumer une guerre inteſtine!

Et vous même, mon père! ...

LE COMTE.

Eh, de mes grands ayeux,
Puis-je trahir le ſang & le nom glorieux?

LEONOR.

Eſt-donc les trahir que d'oſer, en ſilence,
Avouer pour François les enfans de la France?
Ah, dans tous ces mortels qu'un haſard trop jaloux,
Que la force ou l'adreſſe ont mis plus bas que nous,
Que ſouvent au-deſſus, pour venger cette injure,
Par ſes dons les plus chers, élève la nature,
Pourriez-vous bien ne voir, jouet d'un vain orgueil,
Qu'une foule avilie, indigne d'un coup-d'œil?
Les mépriſeriez-vous, vous ſur-tout, vous, mon père,
Vous, long-tems malheureux, qui, dans votre misère,
Délaiſſé, pourſuivi, ne trouvant que chez eux
Une retraite sûre, un accueil généreux,
En avez éprouvé tout ce qu'on peut attendre
Du zèle le plus pur & du cœur le plus tendre,

Ce que, ſans avilir l'objet de ſes bienfaits,
La plus noble pitié peut inſpirer jamais ?
D'un préjugé barbare adoptant les caprices,
Auriez-vous, d'Adalbert, oublié les ſervices ?

LE COMTE.

Non, ſans doute. Envers lui je voudrois m'acquitter.

LEONOR.

Et, dans ſon ordre entier, vous allez l'inſulter !
Mais le Roi qui, ſur eux, jettant un œil propice,
Après un long oubli, ſoit bonté, ſoit juſtice,
Au Conſeil de l'Etat daigne les inviter,
Le Roi ſouffrira-t-il qu'on les veuille écarter ?

LE COMTE.

A reſpecter ſes Loix inſtruit dès mon enfance,
Je ſai ce qu'un ſujet lui doit d'obéiſſance ;
Mais dois-je moins, ma fille, à mon honneur bleſſé ?

LEONOR.

Et de quoi votre honneur peut-il être offenſé?
Qu'il chériſſe ſon Peuple, auteur de ſa puiſſance,
Ce Peuple en qui réſide & ſa force & la France ?
Car ce n'eſt pas, ſans doute, en quelques Courtiſans,
Des malheurs, l'un de l'autre, avides Artiſans,

Flatteurs intéressés, vils corrupteurs des Princes,
Et, sous leur nom, souvent tyrans de leurs Provinces.

LE COMTE,

Ma fille!

LEONOR.

Pardonnez à mes sens égarés.
Je frémis des malheurs que vous vous préparés..
Mon père, au nom du Ciel, au nom de la Patrie,
Ne vous engagez pas dans cette ligue impie.

LE COMTE.

Qui, moi! n'y point entrer, quand j'ai donné ma foi!
Laissons ces vains débats. Pour mieux s'unir à moi,
Sergine, pour son fils, ma demandé ma fille.

LEONOR.

Moi!

LE COMTE.

Vous. Cette alliance agrandit ma famille,
Et le jeune Verteuil, sous l'aspect le plus doux,
Plein d'un noble courage, est bien digne de vous.
Brûlant de s'illustrer dans leschamps des alarmes,
Il a passéla nuit dans la veille des armes.
Son père, qui déjà s'en promet un guerrier,
A daigné me choisir pour l'armer Chevalier.

Je remplirai tantôt ce brillant ministère.
Vous en ferez témoin vous & ce tendre père,
Et les dignes guerriers par lui-même invités.
Soudain, dans ce lieu même, à ses yeux enchantés,
Je vous présenterai, dans ce fils qu'il adore,
Un époux vertueux que j'aime & qui m'honore.

LEONOR, *à part.*

Quel coup de foudre, ô Ciel! soutiens mon foible cœur!
Qu'oserai-je répondre?

SCENE III.

LEONOR, LE COMTE, ADELE.
Un Ecuyer.

L'ECUIER *remettant une lettre au Comte.*

Un inconnu, Seigneur,
En mes mains, à l'instant, a remis cette lettre.
Il sort.

LE COMTE *ouvrant la lettre & regardant la signature.*

Adalbert!

LEONOR *à part.*

A ce nom, quel effroi me pénètre!

LE COMTE

LE COMTE *lisant tout haut.*

« Digne & noble Seigneur, vous connoissez mon fils,
» Député de son Ordre, il se rend à Paris.
» Il vole dans vos bras où voleroit son père,
« Si, toujours enchaîné par un devoir austère,
» Je pouvois, un moment, n'écouter que mon cœur.
» Le ciel, à mon cher fils, réservoit ce bonheur.
» J'ose, pour lui, chez vous, demander un asyle,
» Et puisse, à vos conseils, sa jeunesse docile
» Honorer sa cité, moi, sa famille, & vous,
» Vous dont le souvenir nous est toujours si doux.
» Adalbert, »

Quelle lettre! & quel trouble funeste
Elle jette en mon ame!

LEONOR *à part.*

O puissance céleste!
Que va-t-il décider?

LE COMTE.

Chez moi, dans ma maison!
Un Député du Peuple, & quand je vais!... Ah, non.
Non, je ne puis.

LEONOR.

Senſible aux ſervices du père,
Vous pourriez, pour le fils, rejetter ſa prière!
Ah, de ſes tendres ſoins & qu'il peut atteſter,
Envers qui votre cœur peut-il mieux s'acquitter,
Qu'envers un fils qu'il aime, un fils qui lui reſſemble,
En qui, dès ſon printems, il voit briller enſemble
Tous les fruits des vertus qu'il a ſemés en lui,
Et qu'enfin ſa cité reconnoît aujourd'hui?
De ſes plus jeunes ans marqués par tant de gloire,
Faut-il, à vos regards, retracer la mémoire?
Faut-il vous rappeler, qu'entraîné dans les camps,
On le vit, ſur vos pas, en ces malheureux champs
Où la Lis égarée épanche au loin ſes ondes,
Percer, du fier Anglois, les phalanges profondes,
Défier, ſans pâlir, ces effrayans remparts
De traits, de javelots lancés de toutes parts,
S'oublier, dans l'horreur de ce danger extrême,
Pour en tirer mon frère & Sergine lui-même,
Sergine que, ſans lui, tout alloit écraſer,
Et qui peut, dans ſon ordre, encor le mépriſer,
Qui, trop fier d'un vain nom?...

LE COMTE.

Que dites-vous, ma fille ?

LEONOR.

Rappelé, par la trève, au ſein de ſa famille,
Vous l'avez vu, mon père, utile citoyen,
Partager & le zèle & les travaux du ſien ;
Et, le cœur encor plein d'une image ſi chère,
Vous pourriez affliger un tel fils, un tel père !
Un fils à qui jadis le vôtre a dû le jour !
Un fils qui, pour jamais, a droit à votre amour !
Un fils dont les vertus honorent la nature,
Qui, portant, ſur ſon front, la candeur la plus pure,
Y déployant l'éclat des dons les plus flatteurs,
Semble, à lui, par ce charme, attirer tous les cœurs ?

LE COMTE.

Qu'entends-je ?

LEONOR.

Ah, pour fléchir votre ame chancelante,
Faut-il que votre fille éplorée & tremblante,
Réclamant vos bontés, embraſſe vos genoux ?
Que mes pleurs, à vos pieds ?....

LE COMTE.

C'en eſt trop. Levez-vous.

Ce discours... ce transport... ô ciel! que dois-je
en croire?
Qui peut vous inspirer? ...

LEONOR.

Moi, Seigneur?... votre gloire
Que souilleroit l'oubli du plus rare bienfait....

LE COMTE.

Je conçois ce que peut un si noble intérêt.
Je ne veux point sonder un plus profond mystère
Qui, d'un courroux trop juste, armeroit votre
père.

LEONOR.

Eh quoi?

LE COMTE.

Sur ce secret qui peut m'être odieux,
Gardez-vous cependant d'éclairer trop mes yeux.
Allez. Calmez vos sens &, d'un cœur plus tran-
quille,
Préparez-vous au nœud qui, d'un bonheur facile,
Si mes vœux sont remplis, vous assure l'espoir.

LEONOR. *A part, en sortant.*

Ciel! où porter mes pleurs?

SCENE IV.

LE COMTE.

QUE me laisse entrevoir
Ce trouble dont à peine elle peut se défendre ?
Son cœur, son foible cœur s'est-il laissé surprendre ?
Gontier ?... Ah, ce seroit une raison de plus
Pour ne point recevoir... mais, d'un si dur refus,
Après ce qu'il a fait, ce qu'il eût voulu faire,
Ce qui m'a tant touché, que pensera son père ?
De tant d'ingratitude, en secret, révolté,...
Je frissonne.

Il tombe dans une profonde méditation.

SCENE V.

LE COMTE, LE BARON.

LE BARON.

SEIGNEUR, le Légat respecté,
De mon fils, aux Autels, vient de bénir l'épée.

LE COMTE *d'abord sans le voir.*

Ah !.... de nos vœux, Seigneur, mon ame est occupée.

Ma fille vient d'en être informée à l'instant.

LE BARON.

Que ne vous dois-je point? vous savez cependant
Que, pour choisir un Chef aussi noble que sage,
Qui porte au Roi le vœu d'un Ordre qu'il outrage
En appelant le Peuple à ces nouveaux Etats,
Avant qu'ils soient ouverts, les Nobles, les Prélats,
Veulent, en ce Palais, s'assembler ce jour même.

LE COMTE.

Chez moi!

LE BARON.

C'est un honneur qu'à votre rang suprême,
A votre illustre nom, nous croyons tous devoir.

LE COMTE.

à part.

O ciel! ... vous me voyez prêt à les recevoir.
Je ne m'attendois pas à cet honneur insigne,
Mais, Seigneur, il me flatte, & je m'en rendrai digne,

LE BARON.

Et moi, près de mon fils, plein d'un espoir charmant,
Je vais, de son bonheur, attendre le moment.

LE COMTE.

Allez.

seul.

Quoi, tout conspire à m'enchaîner encore!
Comment sortir du trouble où mon cœur se dévore?

Fin du premier Acte.

ACTE II.

SCENE PREMIERE.

LEONOR, ADELE.

LEONOR *entrant toute éperdue.*

AH, laiſſe-moi, te dis-je, à l'horreur qui m'égare.
Si rien ne peut changer le ſort qu'on me prépare,
Laiſſe-moi, dans les pleurs que l'on ne verra pas,
De la main de mon père, attendre le trépas.

ADELE.

Mais, ſongez...

LEONOR.

De quel coup mortellement frappée,
Dans quelle horrible nuit je reſte envelopée !
De ces Nobles ſi fiers, tout l'Ordre mutiné!
Mon père, en leur complot, par orgueil, entraîné!
Mon père, ſans remords, à la plus fauſſe gloire,
Du bienfait le plus rare, immolant la mémoire!

Sacrifiant ſa fille!... Ah, ces nœuds abhorrés,
Ces nœuds honteux, crois-moi, ne ſeront point ſerrés,
Au moment redoutable où j'attends ce que j'aime,
Au moment qu'à mes pieds il va tomber lui-même,
Où mon cœur le devance, où l'eſpoir le plus doux,
Enfant de tant de feux, les a rallumés tous.

ADELE.

Hélas, je l'avourai, lorſque, m'ouvrant votre ame,
Vous avez, à mes yeux, dévoilé tant de flamme,
J'en ai frémi pour vous. J'ai prévu ce malheur;
Mais pourrez-vous enfin?...

LEONOR.

Quoi? démentir mon cœur
Non... cependant, ô ciel! de ce triſte hyménée,
Déjà, même à mes yeux, la pompe eſt ordonnée.
Mon père eſt tout entier à ce funeſte ſoin.
Barbare!... & mon amant en ſeroit le témoin!
Mon amant!... s'il arrive!... ah, que va-t-il apprendre?
Quel coup! eſt-ce de moi qu'il doit ici l'attendre?

Mais comment lui cacher,... ou comment retenir
Les transports, les fureurs?... il faut le prévenir.
Cours... mais où le trouver? où chercher?... je succombe.
Chaque instant, sous mes pas, semble r'ouvrir la tombe.
O mort trop douloureuse! ô trop long désespoir!
Je l'attends, je l'appelle & je crains de le voir!
Je le vois! ciel! amour! protégez l'un & l'autre.
Veille à tout, chère Adèle.

Elle se jette dans un fauteuil.

SCENE II.

LEONOR, ADELE, GONTIER.

GONTIER *la voyant à demi évanouie.*

AH, mon trouble est le vôtre.
Je le sens, nos deux cœurs se répondent toujours,
Et nous n'aurons jamais besoin d'autres discours.

Je ſens que, de la joye, après ſix mois d'abſcence,
L'ivreſſe vous accable à ma ſeule préſence.
Moi-même, à votre aſpect, j'en demeure éperdu,
Et notre être à la fois ſemble être ſuſpendu.
O Léonor! ô vous ſi tendrement aimée!
Vous qui n'avez vécu qu'en mon ame enflamée,
Lorſque moi-même, au loin, je ne vivois qu'en vous!
Eſt-il bien vrai qu'enfin je ſuis à vos genoux?
Ah, quel ſurcroît, quel comble à mon bonheur extrême,
De le voir, dans vos yeux, partagé par vous-même!
Que ce touchant délire ajoute encore au mien!
Mais daignez me parler. Ce que j'entends ſi bien,
Ce qui va me ravir ma raiſon égarée,
Que je l'entende encor d'une bouche adorée.
Daignez me confirmer....

LEONOR.

Que vous dirai-je? hélas!
Qu'apprendez-vous de moi que vous ne ſachiez pas?

GONTIER.

Ah, de mes longs ennuis, ce mot est le salaire.
Ce mot seul me suffit. Je cours à votre père.

LEONOR.

A mon père!

GONTIER.

Il m'attend, instruit de mon départ,
Et je vole....

LEONOR.

Arrêtez.

GONTIER.

Je lui dois cet égard.

LEONOR.

Arrêtez, dis-je.

GONTIER.

O ciel! & quelle crainte encore
Se peint dans tes regards, t'agite & te dévore,
Quand mon cœur, à tes pieds, semble se ranimer,
Quand je reviens à toi plus digne de t'aimer,
D'adorer la vertu qu'en toi seule j'admire,
La vertu bienfaisante?...

LEONOR.

Ah, que viens-tu me dire?

GONTIER.

Pardonne, si Gontier ose ainsi te parler;
Mais l'amour qui nous lie a dû nous égaler.
L'amour ne connoît point tous ces égards funestes,
Ouvrages de l'orgueil, que toi-même détestes,
Et, s'il n'ouvre ton cœur, ne peut l'ouvrir qu'à moi,
Tu sais trop que ses feux m'élèvent jusqu'à toi,
Non que j'ose ou je puisse étouffer la mémoire
De ton nom que j'honore & dont tu fais la gloire,
De ton rang qui m'accable, & sur-tout en ces lieux;
Mais, cent fois rassuré par ta bouche & tes yeux,
Par ta bouche si pure & qui ne fait rien feindre,
Peut-il m'en imposer & dois-je encor le craindre?
Non, je te connois mieux. Ce seroit t'offenser.
Mais quel trouble secret semble donc te presser?
Je te vois renfermer les plus vives alarmes!
Tes yeux sombres, errans, sont obscurcis de larmes!
L'effroi le plus profond soulève encor ton cœur!
Ah, dans le mien tremblant, verse enfin ta douleur.
Verse l'y toute entière & que je la partage;
L'expirant à tes pieds, ton amant t'en soulage.

Epargne-moi du moins un trépas plus affreux.
Parle, dis-je.

LEONOR.

Gontier!

GONTIER.

Pourſuis.

LEONOR.

Ah, malheureux!

GONTIER.

Je le ſuis, & par toi, par ton cruel ſilence!
Quel eſt donc cet effort d'une horrible conſtance?
As-tu quelque ſecret qui, déchirant pour toi,
S'il peut m'être caché, ne le ſoit plus pour moi?

LEONOR.

Eh bien, apprends...

GONTIER.

Achève.

LEONOR.

Ah, tout mon ſang ſe glace.
Adèle!

GONTIER.

Que crains-tu? quel revers nous ménace?

LEONOR,

Je frissonne.

GONTIER.

Et de quoi?

LEONOR.

Les Nobles, les Prélats,
Indignés que le Peuple ose entrer aux Etats.....

GONTIER.

Le Peuple! les François!

LEONOR.

Ils veulent l'en exclurre.

GONTIER.

Qu'entends-je? à la Patrie, ils feroient cette injure!
Ils pourroient méconnoître.... & qui? ses vrais enfans!
Ses appuis les plus sûrs en ses besoins pressans!
Et sur quel titre, ô ciel! ceux dont la voix austère
Condamne, de l'orgueil, tout essor volontaire,
Ceux qui n'ont de grandeur que par le noble emploi
De défendre la France & maintenir la Loi
Que son Monarque avoue & dont elle décide,
Pensent-ils qu'en eux seuls elle-même réside?

Quoi? d'un limon plus pur ont-ils été formés?
D'un souffle plus parfait sont-ils donc animés?
Le genre humain entier que tant d'audace outrage,
De quelques fiers mortels, est-il donc l'héritage;
Et ces mêmes mortels, pleins d'un faste si vain,
Ne sont-ils pas plutôt du corps du genre humain?

LEONOR.

Investis en naissant de tant d'erreurs injustes,
Qu'ils, sont loin d'entrevoir ces vérités augustes!

GONTIER,

Ah, quand, de la pitié, la douce & tendre voix,
Du faible, sur le fort, eût rappelé les droits;
Quand le besoin, vainqueur de tous tant que nous sommes,
Pour le bonheur de tous, eût rapproché les hommes,
Qu'ils s'unirent entre eux sous cent noms différens,
Par-tout il fût un peuple avant qu'il fût des grands.
Mais ce Roi généreux qui l'a su reconnoître,
Et, par là, le premier, a mérité de l'être,
Ce grand Roi verra-t-il que d'un œil irrité
Qu'on ose réclamer contre son équité?

LEONOR.

LEONOR.

Ils pensent imposer à son pouvoir suprême,
L'étonner, le contraindre.

GONTIER.

O ciel!

LEONOR.

Et, ce jour même,
Ils vont, dans cet espoir, s'assembler en ce lieu,
Pour y choisir un Chef qui lui porte leur vœu.

GONTIER.

En ce lieu! chez ton père!

LEONOR.

Oui. Je viens de l'apprendre.

GONTIER.

Et ton père lui-même!...

LEONOR.

Il va bientôt s'y rendre.

GONTIER.

Ah, je vois tout enfin. Ton père... ô jour d'effroi!
Abîme du tombeau, ne t'ouvre que pour moi!
Je vois qu'à ses regards je ne dois point paroître,
Qu'à cette Ligue impie, &, malgré lui peut-être,

Enchaîné par foibleſſe, il ne peut recevoir
Un Député du Peuple &, tremblant de le voir,
Même au fils d'Adalbert, veut être inacceſſible.
Et c'eſt lui, d'Arimon que j'ai vu ſi ſenſible
Au peu que notre zèle a pu faire pour lui,
Lui qui, de ſes foyers, me repouſſe aujourd'hui!
Ah, de toute autre main, ſans murmure & ſans
plainte,
De ce coup foudroyant j'aurois reçu l'atteinte.
Hélas, nos Députés, rendus à peine ici,
Chez un vrai citoyen vont s'aſſembler auſſi.

LEONOR.

Quoi, ſauroient-ils déjà ce complot ſacrilége?

GONTIER.

Non, nous allons, des Rois, venger le privilége.
Tu ſais quel eſt l'objet de ces nouveaux Etats,
Que, d'un Pontife altier, bravant les attentats,
Le Roi, n'a convoqué les enfans de la France
Que pour réprimer Rome & ſa longue inſolence,
Et ce tyran ſacré que l'on a vu, ſans droits,
Se proclamer arbitre & ſouverain des Rois,
Dont Philippe, irrité d'un orgueil ſi coupable,
A flétri, par le feu, le Diplôme exécrable,
Nos ſages Députés vont ſe jurer entre eux,
De ne jamais ſouſcrire à ces Décrets honteux.

J'allois bien-tôt me joindre à ce serment fidèle.
Au milieu des transports d'un si sublime zèle,
Je vais donc, juste ciel! leur annoncer l'affront
Dont un orgueil jaloux prétend couvrir leur front.
Je vais... & cependant je te laisse éplorée,
De tes chagrins, des miens, toujours plus dévorée !
Je te laisse, & peut-être.... ô jour de désespoir !
Nous nous quittons, hélas ! pour ne plus nous revoir !

LEONOR.

Ah, vivrois-je un instant, si je pouvois le croire ?
Non... va, pour mon bonheur, pour le tien, pour ta gloire,
Va prêter ce serment, & sois sûr que mon sort
N'est enchaîné qu'au tien pour la vie ou la mort.

ADELE, *accourant avec précipation.*

Que faites-vous? on vient.

LEONOR *à Gontier,*

En ce danger extrême,
Va. Pars. D'un plus grand coup sauve-moi pour toi-même.

GONTIER.

Je t'entends.

LEONOR.

Hâte-toi.

GONTIER, *en sortant.*

Ciel! ô ciel!

SCENE III.

LEONOR, ADELE.

LEONOR.

DIGNE amant!
A-t-il pu, de mon cœur, douter un seul moment?
Et je le trahirois!... avant ce vil parjure,
On me verra voler à la mort la plus sûre.
Quel bonheur cependant qu'il n'ait pu soupçonner
Qu'un père inexorable ose me l'ordonner!

ADELE.

Il vient. Sechez vos pleurs.

LEONOR.

Non, je veux qu'il les voye.
Je veux qu'à ses regards tout mon cœur se déploye;
Et, s'il n'en a pitié....

SCENE IV.

LEONOR, LE COMTE, ADELE.

LE COMTE,

MA fille, votre époux
Va bien-tôt, en ces lieux, paroître devant vous.
J'ai dû le prévenir. L'honneur qu'on me défère
M'oblige de l'attendre, & ... vons pleurez!

LEONOR.

mon pére,
Si quelque amour encor peut vous parler pour moi,
Daignez....

LE COMTE.

Que dites-vous?

LEONOR.

Je me meurs. Je le voi.

SCENE V.

LE COMTE, LE BARON, VERTEUIL, SAISSET LEONOR, ADELE, Chevaliers, Ecuyers, ſuite du Légat.

UN Ecuyer porte l'épée de Verteuil devant le Légat, qui entre d'abord accompagné de pluſieurs Prélats & Abbés. Verteuil, armé de toutes pièces, mais nue tête & ſans épée, eſt conduit par ſon père au milieu d'un groupe de Chevaliers & d'Ecuyers. Un de ces derniers porte ſon caſque & un autre ſa lance.

On place au milieu du Théâtre un fauteuil où le Comte va s'aſſeoir lorſqu'il en eſt temps, & alors tout le monde ſe range en demi-cercle. Le Légat, Verteuil & ſon père reſtent un peu en avant auprès du Comte, l'un à droite, les deux autres à gauche.

SAISSET *préſentant au Comte l'épée de Verteuil qu'il prend des mains de l'Ecuyer qui la portoit*

SEIGNEUR, au nom du ciel, j'ai béni cette, épée.
La valeur déſormais n'en peut être trompée.

C'eſt à vous d'en armer le bras, le digne bras
Qui doit la ſignaler en de juſtes combats.

LE BARON *préſentant ſon fils au Comte.*

Seigneur, puiſſe mon fils que ma main vous préſente,
Par l'éclat de ſa gloire à jamais renaiſſante,
Egalant ſes ayeux juſtement révérés,
Vous honorer un jour comme vous l'honorez,

LE COMTE.

au Baron. *à Verteuil.*

C'eſt l'eſpoir de mon cœur, & vous dont la vaillance
De l'Autel & du Trône eſt déjà l'eſpérance,
Venez, jeune héros, que, pour mieux l'aſſurer;
Je vous ceigne ce fer qui doit vous illuſtrer.

Verteuil ſe met à genoux devant le Comte qui lui donne trois petits coups de plat d'épée ſur l'épaule, lui ceint cette épée, lui fait ſigne de ſe relever, ſe lève lui-même & l'embraſſe.

VERTEUIL, *au Comte.*

Seigneur, que, pour mon cœur, ce momen a de charmes!
Ah, quand, pourrai-je?...

LE COMTE.

Allez &, de vos frères d'armes

Recevez, à nos yeux, le tendre embrassement.

VERTEUIL. *Il va aux Chevaliers qui, de leur côté s'avancent pour l'embrasser. Il embrasse son père le dernier.*

Mon père!

LE BARON.

O, de mes jours, la gloire & l'ornement,
Mon cher fils!

LE COMTE *à Verteuil.*

Chevalier, à cet auguste titre,
Si, des torts & des droits, vous devenez l'arbitre,
Pour remplir dignement ce devoir glorieux,
Jurez sur cette épée, à la face des cieux,
Que, ferme appui des Loix, soutien de l'innocence,
A toute heure, en tous lieux, vous prendrez leur défence.

SAISSET.

Que, fidèle à l'Eglise & docile à sa voix,
Vous vengerez sur-tout & son Chef & ses droits.

VERTEUIL. *Il prend son casque & sa lance des mains des Ecuyers qui les portoient.*

Oui, je jure, & le ciel puisse-t-il me confondre,
Si, lâche & vil guerrier, je puis ne pas rèpondre

A ce que, dès ce jour, vont attendre de moi
L'honneur, l'humanité, la patrie & la loi!
Je jure, homme & mortel, qu'enfant du même père,
Dans l'homme, quel qu'il ſoit, je ne verrai qu'un frère,
Et, dans tous les François, que mes concitoyens,
De l'Etat, comme moi, protecteurs & ſoutiens.
Je jure que, pour eux, bien plus que pour moi-même,
Je défendrai la Loi, leur volonté ſuprême,
Je défendrai mon Roi, Monarque reſpecté,
Honoré du dépôt de leur autorité.
Je jure que ce fer, à la vertu propice,
Pourſuivra, ſans égard, l'audace & l'injuſtice;
Qu'aux attentats du fort, contre le foible obſcur,
On me verra toujours oppoſer un bras sûr;
Que, de quelque grand nom qu'un vain orgueil le nomme,
Je ſaurai, contre lui, venger les droits de l'homme,
Et que, de tout mon ſang, fallût-il les ſceller,
Nul mortel, devant moi, ne peut les violer.
Et puiſſe ce ſerment, la règle de ma vie,
Contre ſes oppreſſeurs, rempart de la Patrie,
Sur la baſe des Loix l'aſſurant pour jamais,
Etre un jour le ſerment de tous les vrais François!

LE COMTE *embraſſant Verteuil*

O mon fils ! . . . ah ma fille, à ce grand caractère,
Vous voyez quel époux vous a promis un père,

Il préſente Verteuil à ſa fille.

Recevez, de ma main, un don ſi précieux.

LEONOR *à part.*

Que deviens-je?

VERTEUIL.

Madame, il m'eſt bien glorieux . . .

LEONOR.

à part.

Seigneur . . . mais où trouver la force de pourſuivre ?

LE COMTE *à Léonor.*

Répondez.

LEONOR *à part.*

Ciel, ô ciel ! dois-je mourir ou vivre ?

au Comte.

Où me réduiſez-vous ?

LE COMTE.

Comment ?

LEONOR.

Vous le voyez,
Vouz voyez votre fille expirante à vos pieds.
Ah, si tantôt ici vous aviez pu m'entendre!
Si votre cœur!...

LE COMTE.

Ma fille!... oui j'ai trop su comprendre...
Mais que rappelez-vous? en quel lieu, quel moment!
Songez-vous? ...

VERTEUIL, *à part.*

Que penser de ce saisissement,
Dc ees sombres discours?

LEONOR, *au Comte.*

Vous m'avez entendue,
Et, par votre ordre ici, je me vois confondue!

LE COMTE.

Que dis-tu? lorsqu'au jour tu devrois te cacher,
Malheureuse, est-ce à toi de m'oser reprocher?..
Je ne sais qui retient la fureur qui m'entraîne...

VERTEUIL.

Seigneur, que faites vous?

LEONOR.

Le jour me luit à peine.

LE COMTE *à Léonor.*

Abjurés pour jamais de honteuses erreurs,
Ou tremblez...

VERTEUIL *au Comte.*

Mait, d'où naît?...

LE COMTE.

Tremblez, dis-je.

LEONOR *se laissant tomber dans les bras d'Adèle, à demi évanouie.*

Je meurs.

VERTEUIL.

Ah, l'ombre de la mort s'étend sur son visage.

LEONOR *se relevant avec force.*

Non, l'excès du malheur me rend à mon courage.

au Comte.

Ma vie est en vos mains, vous pouvez la trancher;
Aussi bien, puisqu'enfin rien ne peut vous toucher,
N'est-elle plus, pour moi, qu'un vaste champ de larmes,
Et de chagrins profonds & de longues alarmes.

Oui. Ma vie eſt à vous, mais mon cœur n'eſt qu'à moi,
Libre de tout pouvoir, comme de tout effroi.

LE COMTE.

Ciel !

VERTEUIL, *à part.*

J'entrevois enfin....

LE COMTE, *à Léonor.*

Que ta raiſon s'oublie,
Ingrate !

à part.

Ah, malgré moi, mon cœur la juſtifie,
Et mille affreux combats m'agitant à la fois,
Je ſens... qui, moi, ſouffrir qu'au mépris de mes loix,
Ma fille !...

Haut.

Juſqu'au bout, veux-tu braver ton père,
Un père trop ſenſible, à qui tu fus ſi chère?
Veux-tu qu'à mon courroux, laiſſant un libre eſſor?...

VERTEUIL.

Quoi, Seigneur, vous pourriez?

LE COMTE.

Non je ſuis père encor,

Non, la nature parle... Ah, devant que j'expire,
Ses droits sacrés, sur toi, seront-ils sans empire ?

Il se jette aux pieds de sa fille qui se laisse tomber sur un sauteuil.

Tu vois, à tes genoux, ton père désolé,
D'opprobre & de douleur, par toi-même accablé.

LEONOR.

Ciel ! où suis-je ?

LE COMTE, *sans se relever.*

A ton cœnr lâchement asservie,
Veux-tu donner la mort à qui tu dois la vie ?

LÉONOR, *le relevant.*

Levez-vous... ô mon père ! ô nom toujours sacré !
C'est vous qui la portez en ce cœur déchiré.
Oui. Dans l'excès affreux de mon trouble & du votre,
Si son bras foudroyant doit fraper l'un ou l'autre,
S'il faut que le tombeau reçoive un de nous deux...

LE COMTE.

Eh bien !

LÉONOR.

N'en doutez point. Mon choix n'eſt pas douteux.
Comme vous, contre moi, fidèle à la nature,
Je mourrai, je le dois...., Mais je mourrai parjure.

VERTEUIL.

Parjure! vous, madame!... Ah, d'un trouble si grand,
Je pénétre la cause & mon cœur frémiſſant
L'avoit trop préſſentie à l'aſpect de vos larmes.
Parjure! Vous! grand Dieu! Non. Calmez vos allarmes
Qui ne ſont en effet qu'un outrage pour moi.
Je vois... Je vois enfin qu'un autre a votre foi.

LÉONOR.

Ah!

VERTEUIL.

N'en rougiſſez point. Loin que tant de conſtance,
Loin qu'un tel dévouement, ou m'irrite, ou m'offence,
Quoi qu'il m'aprenne mieux ce que je perds en vous,
Qu'il confonde un eſpoir trop brillant & trop doux,

Je l'admire, Madame, & suis prêt à déffendre
Un cœur si généreux, si sensible & si tendre,
Contre toute contrainte & toute injuste loi
Dont on abuseroit, fut-ce même pour moi.

LE COMTE.

Qui, vous!

VERTEUIL.

Je l'ai juré. L'innocence opprimée,
Verra, pour la sauver, ma main toujours armée.
Trop heureux, dès ce jour, dès ce même moment,
De trouver à remplir un si juste serment.

LÉONOR.

Ah! par tant de combats, coup sur coup, éprouvée,
A quels combats encor suis-je donc réservée!
Puis-je les soutenir! J'en frissonne. *à Verteuil* Ah, Seigneur,
Témoin de vos vertus, que n'ai-je plus d'un cœur!

VERTEUIL.

Ah, qu'au mien, cet aveu vous rend plus respectable!

LE COMTE.

Cet aveu la condamne & la rend plus coupable,

Et

Et je dois. . . .

VERTEUIL.

Arrêtez. Ciel ! arrêtez.

LE BARON.

Mon fils !

VERTEUIL.

Mon père ! Eh voulez-vous qu'à mes yeux. . . .

LE COMTE.

à Léonor. je frémis.

Va. Fuis de mes regards. Fuis pour jamais.

LÉONOR.

Mon père !

LE COMTE.

Sorts, te dis-je.

VERTEUIL, *à léonor.*

Cédez. Respectons sa colère.

Mais croyez que, pour vous, s'il ne faut que mourir,

Au prix de tout mon sang je saurai le fléchir.

LÊONOR.

Ah, plus je vous entends, plus tout mon cœur se brise.

à Adèle en sortant

Soutiens moi.

SCENE VI.

Les mêmes. Hors LÊONOR & ADÈLE.

VERTEUIL *au Comte.*

PARDONNEZ.

LE COMTE.

Tant de trouble m'épuiſe.
Laiſſez-moi... Léonor ! je ne ſais ſi je vis.

LE BARON *au Comte.*

Seigneur...

LE COMTE

Laiſſez-moi tous. Dans l'horreur où je ſuis,
Si vous prenez pitié du chagrin qui me tue,
Des témoins de ſa honte, épargnez-moi la vue.

SCENE VII.

LE COMTE, LE BARON, VERTEUIL.

LE COMTE, *hors de lui-même.*

JAMAIS père, grand Dieu ! fût-il plus outragé ?

VERTEUIL.

Ah, modérez enfin...

LE COMTE

Mais je ſerai vengé.

à part.

Moi ! de qui ? malheureux ! je me confonds encore.

VERTEUIL.

Seigneur, pour votre ſang, faut-il qu'on vous implore ?

LE COMTE.

Ah, plus vous l'excuſez, plus vous me déchirez.
Voulez-vous que, cédant à ſes vœux égarés,
Un père infortuné ſigne ſa flétriſſure,
Et ſe laiſſe avilir dans une race obſcure ?

LE BARON.

Obſcure ! un ſang ſi noble, & dont l'antiquité !...

VERTEUIL.

Eh qu'importe ſon luſtre ou ſon obſcurité,
Si la vertu d'ailleurs la place au rang ſuprême ?
Les uns ſont du hazard, l'autre n'eſt qu'en nous-même.

LE BARON.

Mais...

VERTEUIL.

Eh qui, plus que moi, doit à jamais bénir
Ces obſcures vertus qu'on croit envain ternir,
Que moi, moi qui leur dois une tête ſi chère,
Un père que j'adore ?... ah Seigneur ! ah, mon père !

Ne vous ſouvient-il plus de ce jeune ſoldat,
Qu'on vit, pour vous ſouſtraire au plus affreux
combat,
De mille traits lancés oſer braver l'orage ?
Combien, à ce récit, j'admirois ſon courage !
Qu'avec tranſport, vers lui, s'élançoit tout mon
cœur !
Que j'aurois, de ma vie, acheté ſon bonheur !
Oui, dès-lors, abjurant d'orgueilleuſes chimères,
Dans lui, dans ſes pareils, je n'ai vu que mes
frères.
Trop heureux ſi jamais je pouvois retrouver !...

LE BARON.

Mais, quoi ? ſouffrirois-tu qu'oſant trop s'élever,
Un de ces vils mortels nourris dans la baſſeſſe,
En ſes vœux égarés, portât la hardieſſe
Juſqu'à te diſputer un cœur qui t'étoit dû ?

VERTEUIL,

Si je la reconnois, je cède à la vertu.

LE BARON.

Ciel !
au Comte.
Eſt-il en ces lieux ?

LE COMTE.

Hélas, il y doit être.

LE BARON.

Vous savez? ...

LE COMTE.

Ou bien-tôt on l'y verra paroître.
Député de son Ordre...

LE BARON.

Ah, que me dites-vous?
Montrez-le moi. Montrez-le à mon juste courroux,
Et, fallut-il, du ciel, affronter la menace,
Je cours, dans son sang même, étouffer son audace.

VERTEUIL.

Eh moi, je cours me mettre entre mon père & lui.

LE BARON.

Mon fils!

VERTEUIL, *au Comte.*

Oui, si son nom vous échappe aujourd'hui,
Plus que ses jours encor, vous exposez ma vie,
Songez-y. C'est à vous, à vous que je la fie.
Vous savez quel serment j'ai fait en votre main,
Songez qu'un vrai François ne jure point en-vain.

Il sort.

SCENE VIII.

LE COMTE, LE BARON.

LE BARON.

NON, non. Ne craignez rien du transport qui l'égare.
Nommez-moi ce rival.

LE COMTE.

Moi! qu'injuste & barbare,
Je le livre.... *à part.* qui, moi, que son père!....
ah, Seigneur!
Si vous saviez, pour lui, ce qui parle en mon cœur!

LE BARON.

Quoi?

LE COMTE.

J'en frémis encor. Pardonnez ma foiblesse.

LE BARON.

Pouvez-vous, à ce point, trahir votre noblesse?
Hâtons-nous donc du-moins d'écarter des États
Ce vain peuple enhardi qui s'y rend à grands pas.
Par-là, cet insolent, de sa vile présence,
Va purger cette rive & le temps & l'absence,

La raiſon, vos conſeils, votre pouvoir ſacré
L'effaceront bien-tôt d'un cœur trop égaré.
Je cours, dès cet inſtant, preſſer l'heure marquée
De l'Aſſemblée auguſte en ces lieux indiquée.
Vous, calmez vos eſprits & n'y portez qu'un cœur
Digne du noble ſang qui fait votre grandeur.

Il ſort.

LE COMTE, *ſeul.*

Ah, je n'y porterai que mon trouble effroyable,
Le remords qui me preſſe & l'horreur qui m'accable.

Fin du ſecond Acte.

ACTE III.

SCENE PREMIERE.

LE MOINE. SAISSET.

LE MOINE.

Où me conduisez vous? lorſque j'arrive à peine
Des bords ſacrés du Tibre aux rives de la Seine,
Quand mon retour ſi prompt doit peut-être étonner,
En ce palais, Seigneur, oſez-vous m'amener?

SAISSET.

Avec les hauts Barons, nos Prélats vont s'y rendre;
Jugés, Seigneur, jugés s'ils doivent vous attendre,
S'ils vont, avec plaiſir, vous revoir aujourd'hui,
Vous, nonce du Pontife, accouru près de lui

Pour l'informer ſoudain de l'inſulte publique
Dont Philippe a flétri ſon décret authentique ! (1)
Mais parlez. Si jaloux du droit qu'il tient des cieux,
Comment a-t-il reçu cet outrage odieux ?

SAISSET.

Je l'en ai vu palir. Vous devez le connoître.
Vous ſavez s'il eſt fier, s'il peut ſe rendre maître
De l'indignation qu'allume dans ſon cœur
Des plus grands Potentats l'indiſcrète hauteur,
S'il ſait la réprimer, &, bravant leur vengeance,
Punir, en eux, l'oubli de ſa toute-puiſſance.
D'abord, à mon récit, inquiet, étonné,
Dans un trouble profond il ſembloit enchainé.
Bientôt, roulant des yeux enflammés de colère :
» Repréſentant d'un Dieu, ſacré dépoſitaire

---

(1) Philippe le Bel avoit fait brûler, par la main du bourreau, une bulle de Boniface VIII, par laquelle ce Pape ſe déclaroit ouvertement ſupérieur aux Rois, & excommunioit implicitement les Souverains qui défendroient, au Clergé de leurs états, d'envoyer de l'argent à Rome. voy. Fleuri, Hiſt. Ecclеſ.

» Du glaive de la terre & du glaive du ciel,
» Dieu moi-même, eſt-ce à moi de ſouffrir qu'un mortel,
» Vaſe impur que, d'un mot, je peux réduire en poudre,
» Dans ma main ſouveraine, oſe braver la foudre?
» Non, non, malheureux Roi. Vainement repouſſez,
» Ses traits, toujours ardents, ne ſont point émouſſés ».
Il dit, &, dans l'inſtant, court tracer l'Anathême (1)
Qui proſcrit & Philippe & ſa race elle-même;
Et, du ſceau des deux clefs, il en ſcélle, à mes yeux,
Le décret ſolemnel que j'apporte en ces lieux.

il lui montre la bulle.

SAISSET.

Ah! voilà, de ſon cœur, ce que j'oſois attendre.
Voilà le dernier coup qu'il ne pouvoit ſuspendre,

---

1) Philippe le Bel fut en effet excommunié par Boniface, lui & ſes deſcendans, juſqu'à la troiſième génération.

Le coup qui va peut-être, au gré de nos prélats,
Prevenir aujourd'hui de nouveaux attentats.

LE MOINE.

Quels attentats,

SAISSET.

A peine échappé de la France,
Vous couriez, du Pontife, apeller la vengeance,
Que, pour en prévenir, en détourner les traits,
Phillippe a convoqué la diète des François
Où, dans ses députés qu'il daigne reconnoître,
Pour la première fois, le peuple doit paroître.

LE MOINE.

Le Peuple!

SAISSET.

C'est ainsi qu'au Pontife, à ses droits,
Philippe s'est flatté d'opposer plus de voix.
J'ai tremblé qu'en effet cette faveur nouvelle
N'égârat un vain peuple aisément infidelle.
Les Nobles, les Prélats qu'on vit, en tous les tems,
Siéger seuls, sans partage, en ces conseils brillans,
Frappez de cette crainte, & n'osant m'en répondre,
Ont eux-mêmes frémi qu'on voulut les confondre

Avec de vils mortels si long-temps ignorez,
Encor flétris des fers dont on les a tirés. (1)
Se peut-il qu'a ce point leur roi les déshonore,
Témoin de leur courroux, j'ai su l'aigrir encore.
Ici même, à l'instant, assemblés avec nous,
Ils vont choisir un d'eux qui doit, au nom de tous,
Réclamer, près du roi, leur beau privilège,
Dont toute infraction leur semble un sacrilège.

LE MOINE.

Je conçois ce courroux dans ces nobles hautains,
D'un nom, souvent douteux, si jaloux & si vains.
Fiers oppresseurs jadis & tirans de la terre,
Partagée entre eux seuls, par la force & la guerre;

---

(1) Il n'y avoit pas long-temps, en effet, que nos Rois avoient affranchi les Communes. Cet affranchissement ne remonte pas plus haut que le règne de Louis-le-Gros. On sait que presqu'à cette époque, & long-temps après, en plus d'un endroit, Les Peuples ne furent que des Serfs, espèce de bétail que se transmettoient les Seigneurs, qui ne les croyoient point des hommes, ou qui ne se croyoient point hommes eux-mêmes, en quoi ils ne se trompoient pas.

Ayant osé long-temps, au joug le plus honteux,
Lier ceux dont les mains la fécondoient pour eux,
Leur orgueil désormais n'y voit que des esclaves,
Echappez, mais envain, de leurs dures entraves,
Troupeau foible & tremblant qu'ils ont droit d'opprimer;
Mais vous, mais le clergé, qui peut pour alarmer?
Le Clergé si puissant qui, par d'heureux prestiges,
A l'igorance aveugle annoncés en prodiges,
Maître de tous les cœurs, juge de tous droits,
Arbitre souverain des Sujets & des Rois,
Les voit tous, à ses pieds, avant qu'il la demande,
De leurs biens les plus chers y déposer l'offrande,
A ses fers, à l'envi, se livrer sans efforts,
Accroitre ses honneurs, agrandir ses trésors,
Et, déja possesseur d'un héritage immense,
Fondement & soutien de sa vaste puissance,
Verra bientôt la terre, enlevée aux humains,
S'il l'ose demander, toute entiere en ses mains;

Le clergé que, tremblans sous son joug qu'ils adorent,
En leurs remords secrets, ces malheureux implorent,
Quand Philippe irrité les invite aujourd'hui,
Seigneur, à prononcer entre un Pontife & lui,
Comment a-t-il donc craint que leur ame égarée,
Osât trahir, du ciel, la cause révérée?

SAISSET.

Ecoutez. Entrainez par leurs fougueux désirs,
Enivrés ou d'intrigue, ou de bruians plaisirs,
Ces nobles fastueux que nous livrent encore
Nos trésors partagés que leur luxe dévore,
Nos titres, nos honneurs briguez pour leurs enfans,
Contre un pouvoir sacré protecteur des tirans,
N'élèveront jamais une voix téméraire;
Mais le peuple fermente, il s'agite, il s'éclaire.
Le Peuple, de leurs fers affranchi par ses Rois,
Déjà, d'un œil confus, semble entrevoir ses droits;
Eh pouvons nous savoir jusqu'a quelle énergie
Peut, de la libetté, l'élever le génie?

Sijamais, ſur lui même, oſant ouvrir les yeux,
Il y voyoit enfin le premier don des cieux,
La dignité de l'homme & ſa grandeur suprême,
La force de l'Empire & la Nation même,
Titre qu'avec tant d'art, pour le mieux aſſervir,
Et les Nobles & nous avons ſu lui ravir!
Si, dans ce conſeil même où Philippe l'apelle,
Quelque jour, un Roi ſage, à l'équité fidelle,
Lui rendoit ce grand titre aux yeux de l'univers!
Doutez-vons que, bientôt, échappé de nos fers,
On ne le vit, *S*eigneur, abjurer notre Empire,
Oſer juger nos droits, les braver, les proſcrire,
Et, briſant dans nos mains le ſceptre des mortels,
Nous renfermer peut-être au ſeul ſoin des autels?

LE MOINE.

Ah! que me dites vous?

SAISSET.

Seigneur, daignez m'en croire.
Voulons nous, pour jamais, aſſurer notre gloire?

Laiſſons toujours ce peuple en cet abaiſſement,
Seul principe & ſoutien de ſon aveuglement.
Pour ſouffrir qu'on l'enchaine il faut toujours qu'il tremble,
Ou bientôt... mais on vient & déja l'on s'aſſemble.
Renfermez ce décret, prêt à le foudroyer,
Si, pour l'éffroi du monde, il faut le déployer.

SCENE II.

LE MOINE, SAISSET, NORMANS, LE BARON, VERTEUIL, VAISY, Ducs, Comtes, Barons, Marquis & autres Nobles. Cardinaux, Evêques, Prélats, Abbés & autres Prêtres.

SAISSET, *préſentant le Moine à l'Aſſemblée.*

SEIGNEURS, & vous prélats, vous voyez ce grand homme
Qu'un zèle ſi ſublime avoit conduit à Rome
Lorſqu'un Roi criminel....

NORMANS, *à le Moine.*

Quoi, déjà de retour!
Et quel bonheur, ſi tôt, vous rend à notre amour?

Ah,

Ah, Seigneur, à vos pieds, recevez-en l'hommage.

Tous les Prêtres & les Nobles son prêts à se prosterner aux pieds de le Moine qui les retient.

LE MOINE.

Seigneurs!

LE BARON.

Le Comte vient.

VERTEUIL, *voyant venir le Comte.*

Quel funeste nuage
Semble couvrir encor ses yeux apesantis?

SCENE III.

Les mêmes. LE COMTE.

LE COMTE, *troublé, à part en entrant*

CIEL, calme enfin l'orage où flottent mes esprits!

haut.

Seigneurs, Prélats...

à Le moine.

Et vous que je n'osois attendre,
Vous qu'en ce jour, Seigneur, le ciel daigne nous rendre
Pour éclairer nos yeux, peut-être encor troublés,
Sur le projet hardi qui nous a rassemblés;
Si vous le connoissez, si, dans votre prudence,
Vous l'avez, en secret, examiné d'avance,
Daignez nous dévoiler ce qu'elle en a jugé.
Je ne sais, mais enfin, de terreurs assiégé,
J'ai peine à consentir...

LE BARON.

Seigneur, qu'osez-vous dire?

VERTEUIL, *au Comte.*

Ah, votre crainte est juste & l'équité l'inspire.
De quel front, en effet, allons-nous demander
Qu'à son peuple qu'il aime & qu'il a dû mander,
Du Conseil de l'Etat le Roi ferme l'entrée?
Voulut-il démentir sa parole sacrée,
Le peut-il? peut-il bien, bravant toutes les Loix,
Couvrir, d'un tel affront, ceux dont il tient ses droits?
Peut-il bien, caressant l'otgueil du petit nombre,
Sur des titres perdus dans la nuit la plus sombre

Et dont le vain éclat n'est qu'en l'opinion,
Peut-il leur immoler toute la Nation ?

LE BARON.

Quel discours ! quelle erreur ! quelle indigne bassesse !
Toute la Nation n'est pas dans la Noblesse ?

SAISSET.

N'est pas dans ce Clergé justement révéré,
Des Loix de l'Eternel interprête sacré ?

LE BARON.

N'a-t-on pas vu toujours, dans le Noble & le Prêtre,
Et dans eux seuls enfin, nos Rois la reconnoître ?

VERTEUIL.

Ah, si nos Rois, trompés ou sourds à la raison,
Ont pu, jusqu'à ce jour, refuser ce grand nom
A ceux dont la valeur, dont l'heureuse industrie
Défend, protége, honore, enrichit la Patrie,
Qui lui donnent leurs jours, lui prodiguent leur sang ;
Lorsqu'un Roi généreux les rappelle à leur rang,
Loin de nous opposer à sa bonté propice,
Nous qui donnons ses loix, embrassons sa justice,

Imitons ſon exemple, & ſongeons aujourd'hui
Que nous ne ſommes grands qu'en ce peuple & par lui,
Que notre autorité, notre pouvoir ſuprême,
Dépôt qu'il nous confie, eſt tout en ſon bras même,
En ſon bras, ſeul puiſſant, qui s'arme à notre voix.
Songeons qu'il peut enfin, ſi nous bravons ſes droits,
Nous rappeler qu'un Dieu, ce Dieu par qui nous ſommes,
Sur la terre, à grands flots, multipliant les hommes,
Ne les y jette point pour leurs Chefs orgueilleux,
Mais que ces Chefs, leur choix, n'y ſont faits pour eux;
Que, leur prêtant leur force, ils peuvent la reprendre
Si, la tournant contre eux...

LE BARON.

O ciel! puis-je t'entendre,
Et peux-tu bien, ſans honte, infidelle à ton rang,
Oublier, avilir les grandeurs de ton ſang,

Désavouer ta race & ce titre ſuprême, ...

VERTEUIL, *au Baron.*

Le vrai titre de l'homme eſt le nom d'homme même,
Ce nom, qu'en vous ſauvant d'un trépas aſſuré,
Un vrai Héros, ſans titre, a ſi bien honoré,
Ce nom que votre cœur, ſans pouvoir s'en défendre,
Honore en lui ſouvent d'un ſouvenir ſi tendre,
Et, fier de ce nom ſeul, je ne ſuis Chevalier
Que pour venger ſa gloire & le juſtifier.

LE BARON.

Ah, c'eſt trop écouter un aveugle délire.
Qu'un de nous, près du Trône, à l'inſtant, ſe retire.
C'eſt vous ſeuls, ſur le choix, qui devez prononcer,
Seigneurs, hâtez-vous donc.

SAISSET.

Pouvez-vous balancer,
Et peut-on confier une cauſe ſi belle
Qu'à celui qu'on a vu nous raſſembler pour elle?

LE COMTE.

A moi! moi, je pourrois!...

LE BARON.

Oui, Seigneur, & je vois
Tous les yeux, ſur vous ſeul, confirmer ce beau choix.
Allez, ne tardez point.

VERTEUIL, *au Comte.*

Non.

LE BARON, *à Verteuil.*

Tais-toi, téméraire,
Ou tremble...

VERTEUIL.

Moi, trembler! je reſpecte mon père;
Mais, quoi? pour être fils, ſuis-je moins citoyen?

LE BARON.

à Verteuil.

Lâche!

au Comte.

Courez, Seigneur.

LE COMTE.

O ciel, ſois, mon ſoutien.

LE MOINE, *au Comte.*

Cette démarche coute à votre ame incertaine,
Je le vois trop.

LE COMTE, *à le Moine.*

Seigneur, je l'avouerai ſans peine,

Avec moins de frayeur je verrois mon tombeau.

LE MOINE.

Eh pourquoi vous en faire un si triste tableau ?
Auprès d'un Roi surpris qui ne peut être injuste,
Vous allez réclamer le privilége auguste
De ses plus sûrs apuis, de ceux de nos Autels,
A ce titre sacré, les premiers des mortels ;
Si le zèle, Seigneur, si la foi vous anime,
Le ciel vous saura gré d'un effort si sublime.

LE COMTE.

Le ciel ?

LE MOINE.

Sans doute.

LE COMTE.

Eh bien... vous & lui l'ordonnez ;
J'obéis.

Il sort.

VERTEUIL, *voulant le retenir.*

Arrêtés.

SCENE IV.

Les mêmes, hors LE COMTE.

VERTEUIL.

IL n'est plus tems ! tonnez,
Dieu que, pour prévaloir, réclame l'injustice,
Que, pour tromper le foible, invoque l'artifice,

Eveillez-vous, tonnez. De votre ardent courroux,
Ecrasez ces cruels qui, n'atteſtant que vous,
Vous, votre nom ſacré, pour ſubjuguer la terre,
N'y marchent qu'en tyrans, au flambeau de la guerre,
Oppoſant tour-à-tour, pour leurs vils intérêts,
Les ſujets à leurs Rois, les Rois à leurs ſujets.

LE MOINE.

Jeune ſéditieux, ſi l'Egliſe outragée,
A l'inſtant même ici, vouloit être vengée,
Je ne dirois qu'un mot; mais, dans tous ſes malheurs,
Contre ſes ennemis elle n'a que des pleurs,
Et ne ſait qu'implorer la céleſte clémence.

VERTEUIL,

aux Prêtres.

Hypocrites!

aux Nobles.

Et vous dont la fierté s'offence
Que le Peuple, avec vous, ſiége aux mêmes Etats,
Je conçois vos raiſons que vous n'avouriez pas.
Comblés des dons du Prince, engloutiſſant encore
Les tributs, les ſecours que la Patrie implore,

Sachant vous y fouſtraire à l'abri de vains droits,
Et, ſur un Peuple foible, en rejettant le poids,
On vous voit arracher aux campagnes foulées,
Aux hameaux, aux cités, à vous ſeuls immolées,
Tout le fruit des travaux de l'homme induſtrieux,
La ſubſtance du pauvre envain laborieux.
On vous voit, ménaçans, étouffer, par la crainte,
Dans les cœurs opprimés, le murmure & la plainte,
Et, d'un mot, d'un regard, ouvrir aux malheureux,
En d'effrayans châteaux, des gouffres ténébreux,
Où, d'un gémiſſement, d'un ſoupir téméraire,
L'oubli le plus cruel, la mort eſt le ſalaire;
Et, de toute juſtice, avares corrupteurs,
De toute autorité, hardis uſurpateurs,
Vous tremblés que ce Peuple, en approchant du Trône,
Ne force le rempart qui toujours l'environne,
N'y porte un jour cruel dont l'éclat foudroyant,
Vous ouvriroit peut-être un abîme effrayant;
Et, ſur quelque prétexte ou quelque droit barbare
Qu'envain, de vos égaux, votre orgueil vous ſépare,
Vous rendroit, pour jamais, à cette égalité,
Seul fondement des Loix & de la Liberté.

LE BARON.

Ah, si je n'écoutois que ma juste colère,
Je déployrois, sur toi, tout le pouvoir d'un père,
Et...

Voyant arriver le Comte tout éperdu.

Ciel!

SCENE V.

Les mêmes, LE COMTE.

LE BARON, *courant au Comte.*

HE bien, le Roi?

LE COMTE.

Le Roi!

LE BARON.

S'est-il rendu?

LE BARON.

Il est inexorable, & vous m'avez perdu.

VERTEUIL.

Ah, je l'avois prédit.

LE BARON.

Sans égard pour nos titres!

NORMANS.

Sans respect pour l'Eglise & ses divins Arbitres!

SAISSET, *à le Moine.*

Ah, Seigneur, il eſt temps de déployer ſon
bras,
Et vous devez...

LE MOINE, *au Comte.*

Seigneur, le Roi ne ſait donc pas
Qu'aujourd'hui le Clergé ſe joint à la Nobleſſe?

LE COMTE.

Il ſait tout. Il s'écrie: (eſt-ce force ou foibleſſe?)
« Moi repouſſer mon Peuple, un Peuple mon
» apui,
» Moi qui ne ſuis Puiſſant, ne ſuis Roi que
» par lui!
» Non, ne l'eſperez pas. Non, je n'y peux ſouſ-
» crire. »
Et, d'un œil irrité, tant d'horreur me déchire,
Me repouſſant moi-même, il me laiſſe éperdu.

LE MOINE,

Ciel, ce mépris t'offence, il ſera confondu.
Oui, Roi ſuperbe, envain ta fierté téméraire
Outrage les enfans, ayant bravé le père.
Tant de forfaits enfin vont retomber ſur toi.
Il faut que nos neveux, frappés d'un juſte effroi,
Diſent: « un Roi puiſſant, mais qui n'étoit qu'un
» homme,
» Prétendit s'égaler au Dieu qui tonne à Rome;

» Ce Dieu ne fit qu'un ſigne, & l'orgueil, ſans
» apui,
« Dans la poudre, à l'inſtant, s'engloutit devant
» lui. »
N'en doutez point, celui qu'on vit, dans ſa ven-
geance,
Par le ſeul bras au monde armé de ſa puiſſance,
Pourſuivre, humilier Frédéric & Henri; (1)
Par ce bras même encor, plus sûr, plus aguerri,
Va terraſſer, d'un coup, un Monarque infle-
xible,

Il montre la Bulle d'excommunication.

Le voilà ce Décret ſi juſte & ſi terrible
Qui dégrade Philippe, &, pour mieux le dompter,
Livre, aſſure ſon Trône à qui veut y monter.
Courons le publier.

SAISSET.

Courons.

---

(1) Frédéric II, Empereur, excommunié deux fois par Grégoire IX, qui prêcha contre lui une croiſade, le fut une troiſième par Innocent IV, ſucceſſeur de Grégoire, qui le dépoſséda de ſon Empire.

Henri IV, Empereur, ayant été auſſi deux fois excommunié par Grégoire VII, en avoit été traité encore plus indignement, ce qui n'empêcha pas Grégoire XIII de mettre depuis ce Pape dans le Martyrologe, comme Saint, & Benoît XIII dans le Bréviaire, avec une Légende. Quel Saint? Bon Dieu!

Tous les Prêtres font un mouvement.

VERTEUIL.

O perfidie !
Cruels ! ainfi, du monde, alumant l'incendie,
On vous verra toujours, fans juftice & fans foi,
Protecteurs du Defpote, ennemis du bon Roi,
Selon votre intérêt agitant la balance,
Relever, renverfer la fuprême puiffance ;
Ses apuis les plus sûrs quand fon bras deftructeur
Protége votre empire & fert votre fureur,
Ses oppreffeurs hardis, fes tyrans facriléges,
Lorfque, ofant méprifer vos affreux priviléges,
Elle afpire à l'honneur d'arracher l'Univers
A l'opprobre honteux de vos indignes fers !

SAISSET.

O ciel ! vous blafphêmez la foi de vos ancêtres,
Perfide !

VERTEUIL.

Et de quel droit, le Chef d'injuftes Prêtres
Ofe-t-il & profcrire & détrôner les Rois ?
Répondez.

SAISSET.

Du premier, du plus facré des droits,
Du droit du ciel, Seigneur, avoué de la terre
Qui l'a vu fi fouvent fcellé par le tonerre.

VERTEUIL.

Ah, si l'audace & l'art, par un pacte odieux,
De l'homme, agreste encore, ont fasciné les yeux;
Avec leur vain prestige, aujourd'hui si terrible,
Il tombera, Seigneur, cet ascendant horrible
Qu'en Roi, des Rois du monde ébranlé par ses mains,
Le Pontife de Rome a pris sur les humains;
Ce préjugé honteux que, du ciel descendue,
Affermit la terreur dans leur ame éperdue,
La terreur dont les cris, dont les illusions
Font couler, dans ses mains, tout l'or des Nations;
La terreur que répand, armé de son tonnerre,
Un Corps, au nom du ciel, près d'envahir la terre,
Et toujours plus brûlant du zèle forcéné
De conquérir pour lui l'univers étonné;
Que propagent encor ces familles sans pères (1)
Multipliant par-tout & par-tout étrangères,
Milice épouvantable, ardentes légions
Dévorant, écrasant toutes les régions,

(1) Les Moines.

D'implacables Arnaud, des Castelnau féroces, (1)
Des Gusmans effrenés profondément atroces,
Entourés de bourreaux, d'exécrables archers,
Et jouissant des cris élancés des bûchers;
Il tombera, vous dis-je, & la terre indignée,
Pour vous, pour votre Chef, de tant de sang baignée,
Sortira, tôt ou tard, de son lâche sommeil,
Vous, tremblez, malheureux de hâter son réveil.

LE BARON, *à Verteuil.*

Traître! insulter l'Eglise & son Chef légitime!

VERTEUIL.

Je ne vois que l'Etat que va souiller le crime.
Et que sont, près de lui, deux corps ambitieux,
Dont l'un, pour de vains droits, l'autre, au grand nom des cieux,
Prétend, contre tout droit, voir les Loix en silence,
Les Loix même avouer sa fiere indépendance,

(1) Arnaud, Abbé de Citeaux, premier Inquisiteur.

Raoul & Pierre Castelnau, Moines Bernardins, commis pour seconder Arnaud contre les Albigeois.

Dominique Gusman, Fondateur des Moines Dominicains, appellés Jacobins, premier Satellite en France, & depuis Fondateur de l'Inquisition en Espagne.

Dans les champs du parjure affermir tous ses pas,
Et consacrer enfin jusque à ses attentats ?
Ah, si, dans ces deux corps, il en peut être
encore
Qui, voyant tant d'audace, en frémisse & l'abhorre,
Vertueux Citoyens rangez vous près de moi.

Il se range d'un côté du Théâtre. Une partie des Nobles & des Prêtres se joint à lui ; l'autre recule avec un mouvement d'horreur.

SAISSET *voyant des Prêtres se ranger du côté de Verteuil.*

Eh, quoi ! des Prêtres même !

UN PRÊTRE CITOYEN.

Et qu'elle injuste loi
Peut jamais nous contraindre à trahir la Patrie ?

LE MOINE.

La Loi de Dieu.

UN AUTRE PRÊTRE CITOYEN.

Du Dieu de la paix, de la vie,
Qui veut qu'on la consacre à la société !

VERTEUIL, *aux Prêtres Citoyens.*

O vrais enfans du ciel !

SAISSET.

O lâche impiété !

Dieu

Dieu lève-toi. Parois & , sur ces fiers rebelles,
Tonne , triomphe & règne.

aux Prêtres rebelles.

Et nous , toujours fidelles ,
Courons hâter , Seigneurs , son règne glorieux.

à Normans.

Vous observez ici ces lâches factieux.

LE BARON.

Trop plein de mon courroux , j'ai peine à me connoître.
Mon fils!...

à Vaisy,

Ami , demeure & ramène ce traître.

au Comte.

Venez. Suivons , Seigneur , ces Ministres sacrés.

LE COMTE, *au Baron.*

Je m'abandonne à vous .

VERTEUIL, *retenant le Comte.*

Non, Seigneur, demeurez.

LE BARON, *repoussant son fils d'une main, & portant l'autre à son épée.*

Oses-tu ? ...

VERTEUIL, *consterné.*

Ciel ? ô ciel !

LE BARON, *entraînant le Comte.*

Allons.

LE COMTE, *en sortant.*

Mon cœur s'égare.

au Baron.

Guidez-moi.

SCENE VI.

VAISY, NORMANS, VERTEUIL. Les Nobles & les Prêtres Citoyens.

VERTEUIL.

MALHEUREUX!... quel forfait se prépare! Prévenons... mais qui vient?...

SCENE VII.

Les mêmes. GONTIER.

GONTIER, *entrant par une porte opposée à celle par ou sont sortis les rebelles, s'arrêtant dans le fond & regardant de tous côtés.*

à part.

IL n'est point en ces lieux!
M'auroit-il entrevu? n'ose-t-il?... justes cieux!

Il s'avance.

aux Nobles. *aux Prêtres.*

Nobles Seigneurs, & vous dont la voix paternelle,
Quand nous nous égarons, aux vertus nous rappelle,
Les Députés du Peuple, assemblés comme vous,
Instruits que ce Palais vous réunissoit tous,
De leur cœur, par ma voix, vous présentent l'hommage.
A l'Etat, pour jamais, dévoués sans partage,
Quelque loi qu'on prétende opposer à ses loix,
Nous nous sommes jurés de maintenir ses droits,
Et nous espérons tous que, pleins du même zèle,
Vous daignerez vous joindre à ce serment fidelle.

NORMANS.

Qu'entends-je? ce serment cache un noir attentat,
Et l'Eglise...

GONTIER, *à Normans.*

Seigneur, l'Eglise est dans l'Etat.
L'Etat ne reconnoît qu'une seule puissance.
Tout droit qui la partage ou même la balance,
Est un droit odieux & que les vrais François
Ont proscrit dès long-temps & n'avouront jamais.

VERTEUIL.

Ah, je n'en doute point. Envain Rome ose
croire...

NORMANS.

Rome, en ce moment même, assure sa victoire.

VERTEUIL.

Non.

VAISY, *à Gontier.*

Qui donc êtes vous pour venir en ces lieux?...

GONTIER.

Mon père est un vieillard actif, laborieux,
Que le pauvre bénit, que sa famille adore,
Au sommeil, chaque jour, s'arrachant dès l'aurore,
Pour assurer aux siens qu'il porte dans son cœur,
Par un travail pénible, un modeste bonheur,
Pour voler dans ses champs, d'où par sa vigilance,
Au loin, comme chez lui, se répand l'abondance,
Et va nourrir en paix tout un Peuple, enchanté
De lui devoir sa vie & sa félicité,
Pour enrichir l'Etat qu'honore sa sagesse.
Voilà qui m'a fait naître, & voilà ma noblesse.

VERTEUIL, *à Gontier.*

Et c'est aussi la vraie... oui. Ces Prêtres & nous,
Nous allons tous vous suivre, & nous rejoindre à vous.

VAISY.

Suivre un enfant du pleuple, une foule insolente !...

VERTEUIL, *à Vaisy.*

Oui, du Peuple, & sachez que ce nom représente
Le Corps majestueux, le grand Corps des François
Que d'orgueilleux mépris n'abaisseront jamais.
Oui. Malgré cet orgueil, je vois déja l'aurore
Du jour qu'avec ardeur mes vœux hâtent encore,
Du jour où les François, partagés si long-tems,
En oppresseurs cruels, en opprimés tremblans,
Renverseront enfin cette indigne barrière
Qu'ont mise, entre eux, la force & l'insolence altière;
Où, de l'humanité, les droits toujours sacrés,
Constatés pour jamais, seront plus révérés;
Où les hommes, par-tout égaux par la nature,
Le seront par la Loi plus constante & plus pure;
Où les noms sans crédit & n'en imposant plus,
Pour être vraiment noble, il faudra des vertus;
Et la nuit de l'erreur qu'avec tant d'artifice,
En des siècles obscurs, épaissit l'injustice,
Pour régner par la crainte & par l'oppression,
Doit céder, tôt ou tard, au jour de la raison.

GONTIER.

Quel discours ! quel transport ! ah, si, dans la
Noblesse,
Il est des cœurs si grands, des cœurs qui, sans
foiblesse,
Honorent ainsi l'homme & ses droits éternels,
D'où peuvent donc, Seigneur, naître ces bruits
cruels
Qu'aujourd'hui, des Etats où Philippe l'appelle,
Elle veut écarter tout un Peuple fidelle ?

VERTEUIL.

Et quoi, déjà ce bruit est venu jusqu'à vous !
Hélas, il est trop vrai que des Nobles jaloux,
Que des Prêtres pervers, pour repousser vos
frères,
Ont tenté, près du Roi, des efforts téméraires,
Qu'ils n'en ont rapporté qu'un trop juste refus,
Que, de son équité, plus aigris que confus, ...

GONTIER, *avec attendrissement.*

O mon Roi ! . . .

On entend sonner le tocsin.

Mais quels sons annoncent les alarmes !
Menace-t-on l'Etat ? faut-il voler aux armes ?

Parlez. Nous sommes prêts &, dussions-nous
périr....

VERTEUIL.

Ciel ! la scène du crime est donc prête à s'ouvrir !

GONTIER.

Comment?

VERTEUIL, *à Gontier.*

Vous saurez tout. En ce péril extrême,
Je vais tout dévoiler à vos Députés même
Dont la sagesse encor pourra le prévenir.

Aux Nobles & aux Prêtres Citoyens.

Venez, à nos amis, courons nous réunir.

à Gontier.

Vous, conduisez nos pas.

SCENE VIII.

NORMANS, VAISY.

VAISY.

AH, de cette bassesse,
Informons, à l'instant, notre digne Noblesse.

NORMANS.

Informons le Clergé, par les siens, aujourd'hui,
Désavoué, sans honte, & lâchement trahi.

Fin du troisième Acte.

ACTE IV.

SCENE PREMIERE.

LEONOR.

Où ſuis-je ? où vais-je ? ô Ciel ! tremblante, déſolée,
Tant qu'a duré tantôt cette horrible Aſſemblée,
J'allois, j'errois ſans force & ne reſpirois pas.
Quels chocs d'opinions ! quels troubles ! quels combats !
Quels cris confus d'abord que je n'ai pu comprendre !
Mais quels ſons effrayans j'ai crû bientôt entendre !
J'accours.... la porte cède & ces lieux ſont déſerts !
Et le funèbre Airain remplit encor les Airs !
Et des clameurs, au loin, percent juſqu'à la nue !
Ah, ſous ce dernier coup, accablée, abattue,
J'ai cru m'anéantir dans les bras de la mort.
Rouvrant un œil éteint, a peine, avec effort,

Ai-je obtenu d'Adèle, & foible & toute en larmes,
Qu'elle allât s'informer d'où venoient tant d'alarmes.
Adèle ne vient point ! . . . dans ces longues terreurs,
Je cours, j'appelle envain, je m'égare, je meurs;
Heureuse, au sein des maux dont le destin m'enivre;
De finir. . . Mais je vois. . . .

SCENE II.

LEONOR, ADELE.

LEONOR, *courant à Adèle qui entre toute éperdue.*

Dois-je cesser de vivre ?
Réponds, d'où nait? . . . .

ADELE.

Madame ! . . . Ah, mes sens affaissez,
Du poids de tant d'horreurs, sont encor trop pressez.

LEONOR.

Il n'eſt fibre, en mon ſein, qui ne frémiſſe encore.

ADELE.

Dieu que l'hypocriſie atteſte & deſhonore,
Des cruels, à ce point, abuſer de ton nom!
Ah, pour de tels forfaits, eſt-il quelque pardon?

LEONOR.

Quels forfaits?

ADELE.

Sur mon front, mes cheveux ſe hériſſent,....

LEONOR.

De la tombe, à tes yeux, les ombres m'engloutiſſent.

ADELE.

Et ma raiſon s'égare à tant d'atrocités.

LEONOR.

Ah, parle enfin.

ADELE.

Le puis-je?

LEONOR.

Il le faut.

ADELE.

Ecoutez.

A ces lugubres sons qui nous ont tant troublées,
Aux cris tumultueux, aux clameurs redoublées
De la foule orageuse & toute à son effroi,
A votre voix enfin, j'ai couru malgré moi.
Qu'ai-je vu! quel tumulte! un grand peuple en alarmes,
Des femmes, des enfans, les yeux noyez de larmes,
Vers le Temple sacré précipitoient leurs pas.
J'interroge. On m'entraine: on ne me répond pas.
Le Temple étoit ouvert. Quelques flambeaux funèbres,
Des voiles de la mort, effaçoient les ténèbres.
On entre &, de ces flots, tout à coup investi,
Le parvis a tremblé, la voute a retenti.
Tout retombe soudain dans un sombre silence.
Dans la pourpre Romaine un fier Prélat s'avance.
Il marche vers la chaire où, dans sa majesté,
Devroit toujours, aux cœurs, parler la vérité,
Et d'où souvent, hélas! indignement parjure,
Pour surprendre le foible, a tonné l'imposture.
Un prêtre, avec respect, lui présente un flambeau,
Un vase.... quel est donc cet appareil nouveau?

Il les saisit. Il monte, &, d'une voix tonante,
Porte ainsi, dans les cœurs, l'horreur & l'épouvante :
» Peuple, le ciel enfin vous affranchit d'un roi,
» D'un tyran qu'il abhorre, ennemi de sa Loi:
» Ecoutez le décret qu'au Pontife suprême,
» Dans sa juste colère, il a dicté lui même ».
Il déploye, à ces mots, ce décret oppresseur
Qui, dégradant Philippe, au nom d'un dieu vengeur,
Du rang des Potentats le retranche & l'efface;

LEONOR.

O perfidie! ô monstre!

ADELE.

Et, proscrivant sa race,
De leur serment sacré, dégage ses sujets.

LEONOR.

Et pour de tels tyrans, le ciel n'a point de traits!

ADELE.

Il le lit. il ajoute, enivré de furie :
» Retranché pour jamais du livre de la vie,
» Maudit, déchu du droit d'approcher des Autels,
» Roi, la honte du monde & l'horreur des mortels,

» Sans espérer, des Saints, l'éternel héritage,
» Tombe & meurs dans l'opprobre en frémissant de rage,
» Comme expire & frémit, dans le sein de cette eau,
» Trop long-temps allumé, cet horrible flambeau ».

LEONOR.

Imposteurs scélérats, quelle rage est la votre !

ADELE.

On s'écrie. Il blasphême &, jettant l'une & l'autre,
Il descend, il les brise, il les foule à ses pieds.
J'entends tous les prélats, à nos yeux effrayez,
Rejettant, comme lui, leurs torches emflammées,
Invoquer, des enfers, les puissances armées,
Leur dévouer Philippe, &, sur lui, sur les siens,
Ses amis, s'il en est, ses fidèlles soutiens,
Apeller, à grands cris, ces noirs vengeurs du crime.
Le peuple croit les voir, élancez de l'abyme,
Armés de fouets sanglants, terribles, furieux,
Sous mille affreux aspects, remplir au loin les cieux,

Déployer en courroux, secouer sur nos têtes
Et la nuit effrayante & les feux des tempêtes.
Dans un trouble profond, palpitant, oppressé,
Tout cœur est suspendu, tout œil semble glacé,
Toute bouche est muette & la foule éperdue,
Le front dans la poussiere, y reste confondue.
Dans les Airs cependant, pour redoubler l'horreur,
Résonne encor l'Airain, l'Airain de la terreur.
On interdit, au Ciel, les plus justes hommages.
De nos mystères Saints on voile les Images.
Les flambeaux sont éteints, les Autels dépouillés,
Leurs ornemens pompeux honteusement souillés.
A peine, avec effort, à travers les Ténèbres[1],
Percent des cris plaintifs, des hurlemens funèbres,
Sanglots profonds de cœurs, dans leur trouble, abimez.
Par l'excès du mien même, un moment ranimez,
Mes esprits, tout à coup, à ma triste pensée
Ont rapellé l'état où je vous ai laissée;
J'ai revolé vers vous, & ce tableau d'effroi,
Ce vaste amas d'horreurs m'y poursuit malgré moi.

LEONOR.

Ah je ſens qu'a ta voix il paſſe dans mon
ame.
Quelle audace ! grand Dieu ! quel attentat
infâme !
Des Prêtres !.... ô mon Roi, qu'allez-vous
devenir ?

ADELE.

Doutez-vous qu'il ne s'arme, &, promt à
les punir ?...

LEONOR.

Eh vaincra-t-il jamais cette terreur profonde
Dont le nom du Pontife emplit encor le
monde,
Qui, le peignant armé du celeſte courroux
Dont il guide, à ſon gré, preſſe ou retient
les coups
Fait marcher, à ſa voix, ces fougueuſes
armées,
A venger ſes décrets toujours plus emflam-
mées,
Et qu'on vit de Raimond, avec tant de fureur,
Par la flamme & le fer, conſacrer le mal-
heur ? (1)

(1) Raimond VI, Comte de Toulouſe, dépouillé de ſes Etats l'an 1213, pour avoir été ſoupçonné de

Où ne peut ce délire entrainer le vulgaire !
Ah, parmi tant d'horreurs, qu'est devenu mon père ?
Qu'est devenu Gontier ?

ADELE.

En ce grand mouvement,
Envain mes yeux troublés ont cherché votre amant.
Mais, parmi ces cruels brulants de tant de rage,
J'ai cru, de votre père, entrevoir le visage.

LEONOR.

Mon père auroit pris part à ce lache attentat !
Lui ! mon père !

---

ne pas penser en tout comme l'Eglise Romaine, & quoiqu'il se fut justifié de ce soupçon. On sait à quels excès de férocité se livra la rage sacerdotale, dans cette Croisade contre les Albigeois, où l'Eglise s'enrichit si monstrueusement, en Languedoc, aux dépens des Peuples massacrés & brûlés par milliers.

SCENE

SCENE III.

LEONOR, ADELE, GONTIER.

LEONOR. *Courant à Gontier.*

SAIS-TU l'opprobre de l'Etat?

GONTIER.

Je ſais tout, j'en frémis. Une troupe fidèle
De Prêtres Citoyens animés d'un vrai zèle,
De nobles vertueux, le cœur encor troublé,
En ſe joignant à nous, nous ont tout dévoilé.
A cet excès d'audace, on s'agite, on ſ'écrie.
Six des notres choiſis, au chef de la patrie
Courent, à l'inſtant même, & pour nous, & pour lui,
Contre le crime altier, implorer ſon apui.
Dans ce tumulte affreux, j'ai tremblé pour ton père.
J'ai craint, pour lui, du Roi, la trop juſte colère.
On ſaura que, chez lui, le coup s'eſt préparé;
Qu'avec les factieux lui-même il s'eſt montré:

Ton père!... il nous méprise, il aprendra peut-être
Ce que valent des cœurs qu'il doit déja connoitre,
Et qui savent toujours respecter le malheur.
Pour nous venger de lui, je prétends à l'honneur
De le sauver lui-même & d'oser le déffendre.
Qu'il se cache. Assuré qu'on ne peut le surprendre,
Je cours aux pieds du roi, je vole, de ce pas,
Demander, à grands cris, sa grace ou mon trépas.
Où le trouver; partage & seconde mon zèle.
Viens. Conduis moi. Volons.

LEONOR.

Ah, si j'en crois Adèle,
Il est au Temple encor.

GONTIER, *prêt à sortir*

C'est assez.

LEONOR, *le retenant.*

Justes Cieux!
Où vas-tu?

GONTIER.

Le temps fuit.

LEONOR.

Parmi ces furieux,
Ces Tirans forcénés, veux-tu porter ta tête ?

GONTIER.

Veux-tu laiſſer ton père au ſein de la tempête ?

LEONOR.

Ah plutôt! .. mais toi ? ... non.

GONTIER.

De moment en moment,
Ont peut l'arrêter....

LEONOR.

Ciel ! mon père ! mon amant !
Mon cœur va ſe diſſoudre en cet affreux partage.

Elle tombe éperdue dans un fauteuil.

GONTIER, *ſe précipitant à ſes pieds.*

Léonor !

ADELE, *à Gontier.*

Elle expire & voilà votre ouvrage.

GONTIER.

Ma chère Léonor ! Ah, rapelle tes ſens,
Ou moi-même, à tes pieds....

SCENE IV.

LÉONOR, ADELE, GONTIER, LE BARON, LE MARQUIS.

LE BARON *au Marquis en entrant sans voir Léonor ni Gontier.*

O transports flétrissans !
Par cet éclat honteux désavouer son père !
Mon fils !. . . lui !.. c'en est trop. . . . quel est ce téméraire
Qui, pour mieux nous braver, est venu dans ces lieux?...

LE MARQUIS.

Je ne sais... *Apercevant Gontier aux pieds de Léonor.*

Mais,.. Seigneur.. Ah, si j'en crois mes yeux,
Le voilà.

LE BARON *en fureur.*

Ciel ! ô Ciel ! je le vois donc paroître,
Le rival de mon fils !

GONTIER, *se retournant aux cris du Baron.*

Quels cris ?...

LE BARON, *courant à lui l'épée à la main.*

Infâme traître,

Tombe à mes pieds.

Gontier & Léonor se lèvent avec transport. Léonor court toute éperdue se mettre entre le Baron & Gontier.

GONTIER.

Cruel !

LEONOR.

Grand Dieu !

SCENE V.

Les mêmes, VERTEUIL.

VERTEUIL, *arrivant & désarmant son père prêt à percer Gontier.*

Que faites vous ?
Mon père !

LE BARON, *hors de lui-même*

Qui m'arrête ?

VERTEUIL.

Eh d'où nait ce courroux ?

LE BARON, *à Verteuil.*

Quoi, c'est toi ? *regardant & reconnoissant. Gontier.*

Ciel ! que vois-je ?

GONTIER, *regardant aussi le Baron & le reconnoissant.*

Ah, que vois-je moi-même?

VERTEUIL, *au Baron.*

Qui peut vous inspirer cette fureur extrême?
Quelle rage? . . . .

GONTIER, *au Baron qui le considére.*

Oui, c'est moi qui, des flots ennemis,
Vous retirai mourant, sur les bords de la Lis.

VERTEUIL, *embrassant Gontier avec transport.*

O mon frère!

LE BARON, *confus & toujours furieux,*

Ame basse, aprends à le connoître.
C'est ton rival.

VERTEUIL.

Il aime!. . . . Ah, quoi qu'il en puisse être,
Est-il moins le sauveur de vos jours précieux?

GONTIER.

O grandeur!

LEONOR.

O vertu!

LE BARON, *à Verteuil.*

Qui t'amène en ces lieux?

VERTEUIL.

Je viens ſauver le Comte. Emflammé de colère,
Le Roi veut qu'on l'arrête & bientôt...

LEONOR.

O mon père!

GONTIER.

Ah voilà ce qu'en vain j'ai voulu prévenir.

LE BARON.

Et de quoi donc le Roi qui prétend-il le punir?
Un homme tel que lui dont la famille auguste?..

VERTEUIL.

Le Roi qui n'eſt ſi grand que parcequ'il eſt juſte
Sait qu'aux yeux de la loi tout mortel eſt égal,
Que c'eſt, pour la patrie, un préjugé fatal
Qu'un nom puiſſe donner le droit illégitime
De braver la Juſtice & s'enhardir au crime;
Que la loi n'eſt qu'un titre auſſi cruel que faux,
Si ce n'eſt pas un glaive agité ſans repos,
Pour le foible & le fort inceſſamment à craindre,
Et frapant, ſans égards, tout ce qu'il doit atteindre.
Mais le Roi tient ce glaive, il peut hâter ſes coups,
Il peut les retenir, ſi, calmant ſon courroux,

Le plus prompt repentir, d'un moment de foiblesse,
Desavoue, à ses pieds, la criminelle ivresse.
Je cours lui présenter celui d'Arimon.
S'il est vrai, s'il est pur, j'obtiendrai son pardon.

LE BARON.

Qui, toi?

VERTUIL.

De sa clémence, il faut que je l'arrache.

LE BARON.

Un pardon flétrissant!

VERTEUIL.

Cependant, qu'il se cache.

LEONOR.

O digne Chevalier!

LE BARON.

Ah, peut-être aujourd'hui,
Le Roi, d'un tel pardon, a plus besoin que lui.

SCENE VI.

Les mêmes, SAISSET, LE COMTE.

LE COMTE *à Saisset en entrant & tout troublé.*

NON, Quoi que vous disiez, c'est un crime exécrable,
Et je n'en soutiens point l'idée épouvantable.

SAISSET, *au Comte.*

Songez...

VERTEUIL, *courant au Comte.*

Seigneur!

LÉONOR.

Mon père!

LE COMTE.

Ah, Verteuil, est-ce toi?
Que n'ai-je cru?

VERTEUIL.

Fuiez.

LE COMTE.

Non. J'ai trahi mon Roi,
Complice des cruels qui l'ont osé proscrire....

Il se jette dans un fauteuil & y reste, comme absorbé dans son desespoir, sans voir ni entendre personne. Léonor reste auprès de lui aussi confondue.

SAISSET, *au Comte.*

Il a trop mérité de perdre ſon empire,
Et ſes longs attentats nous ont aſſez abſous.

VERTEUIL, *à Saiſſet.*

Quoi, barbare! ah, vous même évitez ſon courroux.
Il a ſu tout l'excès de vos fureurs impies,
Et, pour ſauver l'état de tant de perfidies,
Ses gardes, à l'instant, ont volé ſur vos pas.

SAISSET.

Ses gardes! à l'Egliſe il ne ſe rendroit pas!
Ah, de ce qu'elle peut, il ſervira d'exemple.
Je vais armer le peuple. Il eſt encore au Temple,
Et ne peut balancer, par ſes prêtres guidé,
Entre ces prêtres même & ſon roi dégradé.
Ses gardes! contre nous! un proſcrit! un rebelle!

au Baron.

Vous conduirez le bras de ce peuple fidèlle!

LE BARON.

En doutez vous?

VERTEUIL, *au Baron.*

O ciel! vous iriez?...

LE BARON.

Malheureux,
Laiſſe moi. *Il ſort avec Saiſſet.*

SCENE VII.

LE COMTE, VERTEUIL, LEONOR, DELE.

VERTEUIL.

Chaque inſtant, d'un gouffre plus affreux,
Sous nos pas égarés, creuſe l'horreur profonde!

GONTIER.

Mon cœur ſemble ſ'éteindre. ô jour fatal au monde!
Que de ſang va couler! Dieu, protecteur des Rois!
Dieu de paix! voilà donc comme on déffend tes droits!

VERTEUIL.

Ses droits!.. non, ceux du prêtre. Oui monſtres ſanguinaires,
Vous proſcrivez vos Rois, vous égarez vos frères,

Pourquoi? pour regner seuls! & vous l'emporteriez!
Non.

à Gontier.

Par vos députés, soutenus, apuiez,
Nous parlerons au peuple. Il saura dans quel piège
L'entraine, pour le perdre, un complot sacrilège;
Qu'on n'abuse sa foi que pour mieux l'avilir,
Pour resserrer ses fers dont il alloit sortir;
Qu'on ne punit son Roi, par ce lache Anathême,
Que de la reconnoître & de l'aimer lui même,
De lui rendre ses droits envahis dès long-tems,
Et l'arracher au joug de ses nombreux tirans.
A ce comble d'horreur, reprenant son courage,
Contre ces tirans même, il tournera sa rage.
Venez.

Comme ils sont prêts à sortir, Léonor s'élance d'auprès de son père & court à eux pour les arrêter. En même temps le Comte se lève.

LÉONOR.

Quoi? me laisser sans secours, sans espoir!
Toi, Gontier!

GONTIER.

Mais, que puis-je?

LEONOR.

Ah le premier devoir,
Le ſoin le plus preſſant eſt de ſauver mon père.

LE COMTE.

Ah, quand même, à mon ſort, je pourrois me ſouſtraire,
Puis-je échapper jamais à mon cœur ſi navré?

GONTIER, *au Comte.*

Au nom de votre fille, à ce nom ſi ſacré!...

LE COMTE, *reconnoiſſant Gontier que, dans ſon trouble, il n'avoit point encore aperçu.*

Ciel! toi, Gontier, ici! qui peut donc t'y conduire?

GONTIER.

L'eſpoir de vous ſauver.

LE COMTE.

Toi!.. moi!... tout me déchire.
Tout me confond encor.

GONTIER.

Fuiez. Dérobez vous...

LE COMTE.

Non.

LEONOR.

Mon père !

VERTEUIL.

Seigneur...

GONTIER.

J'embrasse vos genoux.

LE COMTE. *à Gontier,*

Ah c'est trop irriter, dans mon ame éperdue,
La honte, le remords qui m'écrase à ta vue.

GONTIER,

Vous !

LE COMTE.

J'ai trahi mon Roi. j'ai trahi l'amitié,
Devoir, reconnoissance... Ah, du moins, par pitié,
Pour m'arracher à moi, souffrez que je subisse
Le juste châtiment....

GONTIE

Eternelle justice !
Seigneur. Quoi, tant de pleurs ne pourront vous fléchir !

LEONOR.

Mon desespoir, ma mort ne peut vous attendrir !

VERTEUIL, *au Comte.*

Seigneur, daignez vous rendre, ou, de son sang trempée,

La Patrie... *Voyant arriver un Officier du Roi.*

Ah!

SCENE VIII.

Les mêmes. Un Officier du Roi, Gardes.

L'OFFICIER, *au Comte.*

Le Roi demande votre épée.

J'obéis à regret, mais, Seigneur...

LE COMTE, *lui donnant son épée*

La voilà.

L'OFFICIER.

Daignez me suivre.

LE COMTE, *à Léonor.*

Adieu, ma fille.

à Gontier

Soutiens là.

à Verteuil.

Consolez là.

à l'Officier.

Marchons.

SCENE IX.

LEONOR, ADELE, VERTEUIL, GONTIER.

LEONOR.

Et, tant de fois trahie,
Je céderois au sort!

à Gontier & à Verteuil.

Non. sauvez la Patrie.
Courez.

GONTIER.

Mais, quel espoir?...

LEONOR.

Mon Père! aux pieds du Roi,
Mon cœur va te deffendre ou mourir avec toi.

à Adèle.

Viens.

Elles sortent.

SCENE

SCENE X.

GONTIER, VERTEUIL.

GONTIER, *prêt à ſuivre Léonor*,

Non, je t'y dévance.

VERTEUIL, *l'arrêtant.*

Et pourriez vous encore
Abandonner l'empire au feu qui le dévore ?

GONTIER *au deſeſpoir.*

Ciel ! qui dois-je écouter ? mon cœur ou mon devoir ?
L'amant, le Citoyen ?... guidez mon deseſpoir.

FIN *du quatrième acte.*

ACTE V.

SCENE PREMIERE.

GONTIER, un ECUIER du COMTE.

GONTIER.

Que dites vous? ô Ciel! La triste Léonor,
Léonor, à vos vœux, n'est point rendue encor,
N'a point encor, du Roi, désarmé la colère,
Ni pu briser les fers de son malheureux Père!

L'ECUIER.

Non. Tout, en ce Palais, est toujours dans les pleurs,
Et l'éffroi seul y regne au fond de tous les cœurs.

GONTIER.

Ah, celui qui m'entraine est plus grand que le votre.
Envain, pour m'assurer du sort de l'un & l'autre,
Je viens donc, je m'arrache à tous nos députés,
Vers le Temple, à grands flots, par leur zèle emportés!

Ils vont fléchir le peuple; ils auront cette gloire,
Et moi, sans partager cette grande victoire!....
Ah plutôt!.... revolons.... Léonor!

SCENE II.

GONTIER, LEONOR, ADELE, LECUIER.

GONTIER, *courant à Léonor.*

Seule!... Eh quoi?
Tes larmes?..

LÉONOR.

je n'ai pu pénétrer jusqu'au Roi.
La garde est redoublée, &, vingt fois repoussée,

GONTIER.

Ah, malgré les horreurs dont mon ame est pressée,
Je saurai la fléchir ou mourir à ses yeux.

à Adèle & à L'Ecuier.

Vous, veillez sur ses jours si chers, si précieux,
Et, si ce n'est pour moi, sauvez la pour son père.
Adieu.

SCENE III.

LEONOR, ADELE, L'ECUIER.

ADELE.

DIGNE mortel, puisse un dieu tutélaire guider !...

LÉONOR.

Voilà les cœurs qu'on ose mépriser !
Tyrans !... le mien encore est prêt à se briser.
Tant d'éfforts, de combats...

voyant arriver les rebelles.

Dieu ! Ces monstres!

SCENE IV.

LEONOR, ADELE, L'ECUIER, LE MOINE, SAISSET, NORMANS, LE BARON, LE MARQUIS, les Nobles & les Prêtres rebelles.

SAISSET, *en entrant à Léonor.*

MADAME,
Où donc est votre père ?

LEONOR.

En un cachot infâme,

Il gémit. Il détefte , à fes remords livré ,
Et fa foibleffe & vous qui l'avez égaré.

SAISSET.

Votre père ! Ah , Seigneurs , fi le peuple en furie
A pu , d'un Roi cruel trompant l'audace impie ,
Diffiper , à nos cris , fes gardes fans combats ,
A notre voix encor , que n'ofera-t-il pas ?
Oui. Revolons au temple avant qu'il fe difperfe.
Qu'il vole à la prifon. Qu'il brife , qu'il renverfe,
Qu'il écrafe , à fes pieds , & le fer & l'airain
Dont la force , à fon bras , s'opposeroit envain.
Qu'il arrache le Comte à ce féjour du crime ,
Le Comte , de fon zèle , innocente victime ,
Et qu'on ne dife pas qu'un infidèlle Roi ,
Pour mieux nous outrager , l'a puni de fa foi.
Allons.

Comme ils font prêts à fortir, Verteuil arrive , avec précipitation , & les arrête.

SCENE V.

Les mêmes. VERTEUIL.

VERTEUIL, *aux rebelles.*

Si vous sortez, rien ne peut vous déffendre.
Tout le peuple, indigné qu'on l'ait osé surprendre,
Contre vous, à grands cris, s'élève, avec fureur,
Et, passant, tout à coup, de la honte à l'horreur,
Il s'agite, il vous cherche, il murmure, il menace.

SAISSET.

Le peuple !

VERTEUIL

Frémissans de votre horrible audace,
Nous allions, éperdus, ses députés & moi,
L'eclairer, vous confondre, & le rendre à son Roi.
Nous l'avons rencontré, l'ame encore abattue,
Vers le ciel irrité n'osant lever la vue.
Lentement, en silence, il sortoit, tout en pleurs,
De ce temple sacré souillé par vos noirceurs

Que l'avenir honteux aura peine à comprendre.
Dans la cité tremblante il alloit se répandre.
Il nous voit. Il accourt, il nous presse à grands flots.
« François, qui vous livrés au plus noir des » complots,
S'écrie un digne Prêtre, & dont l'ame élevée,
des poisons de l'erreur, ne s'est point abreuvée,
» Sachez que des pervers n'ont proscrit votre » Roi,
» Ce Roi qui vous chérit, qui reçut votre foi,
» Que pour servir l'orgueil, l'oppression, la rage
» D'un Corps qui vous prodigue & l'opprobre » & l'outrage,
» De ces Nobles altiers indignés qu'aujourd'hui
» Ce grand Roi cherche, en vous, son plus » solide appui,
» Qu'il reconnoisse, en vous, l'auteur de sa puissance,
» Qu'il vous ose appeler au Conseil de la France.»
A ces mots, le dépit, la honte, le courroux,
Les presse, les transporte & les enflâme tous.
On s'arme avec fureur, on s'excite, on s'élance.
On veut, au même instant, courir à la vengeance.
Leurs sages Députés les retiennent encor.
Défiant la tempête en son premier essor,

A leurs yeux indignés, si vous osez paroître,
Tremblez que, malgré vous, on n'en soit plus le maître,
Que, par leurs bras vengeurs, poursuivis, massacrés....

SAISSET.

Ciel! qui peut nous sauver?

LEONOR, *aux Prêtres rebelles.*

Imposteurs abhorrés
Qui, par d'affreux conseils, avez perdu mon père,
Désolé la Patrie & comblé ma misère;
Ce n'est pas votre sang, votre mort que je veux.
Le ciel m'en est témoin. Le ciel connoît mes vœux.
Mais que ne puis-je voir tout ce Peuple implacable,
Par vos séductions, un instant, si coupable,
Que ne puis-je le voir, justement furieux,
Au jour qu'on lui cachoit, ouvrant enfin les yeux,
De l'homme tout entier déployer le courage,
Et, fier de sa raison, vous crier, avec rage:
« Vous qui, des premiers tems, avec la vérité,
» réclamant, pour nous seuls, les mœurs, l'austérité,

» Etalez, ſans pudeur, d'une indigne opulence,
» A nos yeux irrités, le faſte, l'inſolence,
» Et l'audace inſultante en ſes prétentions,
» Et le luxe nourri du ſang des Nations,
» Tombez enfin, tombez de ce faîte ſublime
» Où vous ont élevés l'artifice & le crime.
» Rendez-nous ces tréſors, ſur nos ayeux
» trompés,
» Partant d'obſcurs détours, lâchement uſurpés,
» Rejettez, loin de vous, ces poignards ſangui-
» naires,
» Ces glaives meurtriers dont, égarant nos
» frères,
» On vous a vus pourſuivre & frapper tant de
» fois
» Les Rois, par leurs ſujets, les ſujets, par
» leurs Rois,
» Du pur ſang des humains ſcellant vos perfi-
» dies;
» Et, ſi vous redoutez que, de vos mains impies,
» Tout-à-coup arrachés & tournés contre vous,
» Sur vous ſeuls, déſormais, ils ne portent leurs
» coups,
» Rentrez enfin, cruels, au ſein de la Patrie,
» Mère toujours facile, aiſément attendrie;
» De ſes dignes enfans embraſſez les liens,
» Méritez ſa clémence & ſoyez Citoyens. »

LE MOINE.

O Dieu défens les tiens, quand tout les abandonne!

SAISSET.

Dieu, que, d'un mur d'airain, ton bras nous environne!

LE BARON, *aux Prêtres.*

Quoi? craindre un Peuple lâche un moment ſoulevé,
Et toujours, par le ſort ſi sûrement bravé!

VERTEUIL, *au Baron.*

Lâche! & vous l'avez vu, dans les champs de la gloire,
Cent fois, rappeler ſeul & fixer la victoire!
Lâche! & vous n'avez dû, près d'être ſubjugué,
Le jour que vous voyez qu'à ſon ſang prodigué!

LE BARON, *à Verteuil.*

Eh quoi, toujours parjure au rang de tes ancêtres,
Tu peux vanter encor?...

On entend derrière le Théâtre des voix confuſes & tumulteuſes qui crient:

Meurent, meurent les traîtres!

LE MOINE.

Où fuir ?

SAISSET.

O Dieu, parois. Venge-toi, venge-nous.

LÉONOR.

O jour ! jour trop affreux !

LE BARON.

Quel désordre ! armez-vous

Et vendons cher du moins. . .

Tous les Nobles, excepté Verteuil. mettent l'épée à la main, & se rangent sur un côté du Théâtre.

SCENE VI.

Les mêmes. Le Peuple & ſes Députés, excepté GONTIER.

Le Peuple, armé de tout ce qui s'eſt trouvé ſous ſa main, bâtons, épées, lances, épieux, &c. enfonce la porte avec fracas. Ses Députés ſans armes, & parmi leſquels on diſtingue les Nobles & les Prêtres fidelles, paroiſſent mêlés dans la foule & vouloir la retenir. Les Prêtres rebelles éperdus vont ſe placer, en déſordre, derrière les Nobles de leur parti.

UN PERSONNAGE DU PEUPLE, *en entrant.*

MEURENT, meurent les traîtres!

VERTEUIL, *au milieu du Théâtre.*

Ah, reſpectez, le nom de vos Chefs, de vos Prêtres.
Ils l'ont flétri, n'importe, ils ſont hommes.

UN 2e. PERSONNAGE DU PEUPLE.

Non, non.

VERTEUIL.

Déchirez donc avant ce cœur...

UN 3e. PERSONNAGE DU PEUPLE.

Point de pardon.

SEENE VII.

Les mêmes· GONTIER.

GONTIER, *arrivant avec précipitation par le fond du Théâtre.*

Ciel ! que vois-je ? arrêtés, ô mes amis, mes frères !
Citoyens, arrêtez. Ces Prêtres ſanguinaires,
Ces Nobles, égarés par leur orgueil jaloux,
N'ont que trop mérité votre juſte courroux ;
Mais ce n'eſt qu'à la Loi de punir les coupables.
Renfermez, à ce nom, ces fureurs condamnables,
A ce nom dont toujours vous fûtes les ſoutiens,
Et qui doit pouvoir tout ſur les vrais citoyens.

Le peuple s'enfonce dans la couliſſe & diſparoit inſenſiblement. Ses Députés ſeuls, Prêtres & autres, reſtent ainſi que les Nobles & les Prêtres fidelles.

VERTEUIL, *à Gontier.*

Digne ami !

SCENE VIII.

LE BARON, LE MARQUIS, VERTEUIL, GONTIER, LEONOR, ADELE. Les Députés du Peuple & les Prêtres fidelles d'un côté, les rebelles de l'autre.

GONTIER, *montrant aux rebelles le Peuple qui se retire.*

LE voilà ce Peuple qu'on dédaigne ;
Ce Peuple qu'on bravoit & qu'il faut l'on craigne.
Au seul nom de la Loi, maître de son courroux,
Citoyen, le voilà. Jugez-le. Jugez-vous.

VERTEUIL.

Ah, ce retour si noble a scellé sa victoire,
Et nous devons rougir...

GONTIER, *aux rebelles.*

Pour nous qui faisons gloire
D'être choisis par lui, pour le représenter,
Honneur, qu'en le servant, nous saurons mériter,
Si, dans la Diète auguste où le Roi nous appelle,
Où le Trône insulté réclame notre zèle,

Vous ne pouvez encor voir, en nous, vos égaux,
Voyez-y, malgré vous, vos ſauveurs.

VERTEUIL.

Des Héros;
Les ſeuls, par leurs vertus, dignes de la Patrie
Qui leur devra toujours & ſa gloire & ſa vie.

LEONOR.

Si long-temps obſcurci par mon ſaiſiſſement,
Mon œil, au jour encor, s'ouvre à peine un moment.

à Gontier.

Ah, pour me rendre cher ce rayon qui m'éclaire,
Puiſſent tant de vertus avoir ſauvé mon père!

GONTIER.

Quoi? vons me revoyez & ſemblez en douter!
Non, Madame, à mes pleurs, rien n'a pu réſiſter,
Etonnez, attendris, à ma douleur extrême,
Les Gardes ont cédé. Le Roi, le Roi lui-même,
Me voyant à ſes pieds preſſez avec tranſport,
Éperdu, l'œil humide, à peine, avec effort,
« Malheureux, m'a-t-il, quel effroi te ſurmonte?
» Quel intérêt ſi vif peux-tu donc prendre au Comte? »

Quel intérêt, grand Roi! par le fort, agité,
Jadis si malheureux, sans l'avoir mérité,
Le Comte fut notre hôte, &, contre l'imposture,
Il ne trouva d'asyle & de retraite sûre
Qu'en nos humbles foyers, sous le toît ignoré
Où mon père, en ses champs, obscur & retiré,
Aimant l'homme dans l'homme, honore la misère.
Plus ému, plus troublé: « parle, quel est ton père? »
Repart ce Roi sensible en essuiant ses yeux,
Les détournant sur moi, les levant vers les cieux,
Et tout au sentiment qui l'agite & l'entraîne.
« Et son nom? dis. » Adalbert, puis-je répondre à peine,
Presque étouffé moi-même & plus saisi que lui.
« Adalbert! reprend-il. Si coupable aujourd'hui,
» Si justemement puni, le Comte qui m'offense
» N'a nul droit d'espérer sa grace & ma clémence,
» Mais le fils d'Adalbert a trop su m'attendrir,
» Et ses pleurs vertueux ont droit de l'obtenir.
» Va. Libre de ses fers, le Comte va te suivre. »
Et le voici.

SCENE

SCENE IX.

Les mêmes. LE COMTE.

LEONOR, *courant à son père.*

Mon père ! ah, je peux donc revivre !

LE COMTE, *s'élançant dans les bras de Gontier.*

O mon fils, qui pourra m'acquitter envers toi ?

GONTIER.

Seigneur, vous savez donc ? ...

LE COMTE.

J'ai tout appris du Roi.
Que, tremblant à ses pieds, je me sentois coupable !
De quelle honte encor ta présence m'accable !..
Je ne peux l'effacer qu'en rapprochant deux cœurs,
Par mes vains préjugés, abreuvez de douleurs;
Qu'en relevant mon nom par l'alliance auguste,
D'une race si belle & si noble & si juste.

I

à sa fille & à Gontier.

Vous vous aimez, vivez dans le plus doux lien,
Pour honorer l'amour, la nature & l'hymen;
Pour être, en tous les tems, l'honneur de ma mémoire
Et, de l'humanité, le bonheur & la gloire;
Et puissent, comme vous, vos enfans généreux,
Dans les cœurs, à jamais, en ralumer les feux!

Il embrasse, en même-temps, Léonor & Gontier, & les presse contre son sein.

LÉONOR.

O mon père!

GONTIER.

Ah, Seigneur!

VERTEUIL.

Je sens couler mes larmes.
Et ce spectacle...

aux Nobles & aux Prêtres rebelles.

O vous qui, dans ce jour d'alarmes,
Près d'ouvrir à l'Etat un gouffre si profond,
Avez craint de vous joindre à ce peuple si bon
Où brillent, sans orgueil, des vertus si sublimes;
Vous qui, contre ce peuple, accumulant les crimes,

Méritiez bien plutôt, par ce cruel dédain,
De vous voir, à jamais, repouſſez de ſon ſein;
Vous, à qui, dans l'ardeur du courroux le plus juſte,
Il ouvre encor les bras de ſa clémence auguſte;
Eh bien, par tant de traits, vaincus, avec éclat,
Le repouſſerez-vous du Conſeil de l'Etat?
Pourrez-vous méconnoître, en ſa grandeur ſuprême,
Le premier des pouvoirs & la Nation même?

LE BARON.

Non, &, le plus ardent à réclamer des droits
Oppreſſeurs de l'Empire & deſtructeurs des Loix,
Le premier, à l'Etat qu'en vous tous je contemple,
Du plus prompt déſaveu je dois ici l'exemple.

à Gontier.

Gontier, dans les combats, mon cœur t'a dû le jour,
A la Juſtice enfin je te dois mon retour,
Changé par tes vertus que nul titre n'efface,
Ton, frère, ton ami, je t'admire & t'embraſſe,
A tes amis, à toi, réuni pour jamais.

Il embraſſe Gontier. Les Nobles rebelles font un mouvement d'attendriſſement. Les Prêtres rebelles en font un de surprise & d'indignation.

aux Prêtres & aux Nobles rebelles.

Prélats, & vous, Seigneurs, confondus désormais,
Abjurons, dans leurs bras, des grandeurs mensongères,
Et ne formons plus tous qu'un grand peuple de frères.

Les Nobles rebelles & les Députés du Peuple se rapprochent, se confondent & s'embrassent. Les Prêtres rebelles restent immobiles.

VERTEUIL.

O mon père!... ô François; quels bras, quels ennemis
N'enchaînerez-vous pas, ainsi toujours unis!
O vous que, retenus dans une nuit profonde,
L'orgueil partage encor, pour le malheur du monde,
Pour vous rendre au bonheur, Peuples, imitez-nous.

aux Prêtres rebelles.

Quoi? vous n'osez vous joindre à des transports si doux!

SAISSET.

Nous caresser un Peuple infidelle & parjure
Qui trahit le Pontife & , fier de cette injure,
Va, par ses Députés, peut-être dès demain,
La consacrer encor! ... vous l'espérez envain.

aux Prêtres rebelles.

Venez, braves soutiens de l'Eglise ébranlée,
Par d'indignes enfans, lâchement immolée,
Venez. Près de son Chef, accourez, sur mes pas.
Qu'instruit de son outrage, il arme tous ces bras
Qui subjuguoient, pour lui, l'Asie ensanglantée.
Qu'ils frappent. Que tout cède à leur force indomptée,
Et que son nom, par eux, rétabli sur ces bords,
S'élève, s'il le faut, sur des monceaux de morts!

Ils sortent.

VERTEUIL.

O monstres toujours prêts à désoler la terre!
Voilà, loin des dangers, comme ils portent la guerre.

UN PRÊTRE CITOYEN,

à ses Confréres.

O Prêtres citoyens, chers à la nation,
Jurons lui que nos soins, notre soumission

ſauront enchaîner Rome, effroi de nos ancêtres;
Et, pour le chatiment, le déſeſpoir des traîtres,
par cet exemple auguſte, aſſurons pour jamais,
Les droits de la raiſon, la juſtice & la paix.

Tous les Prêtres font ce ſerment en levant la main.

FIN.

On trouve chez les mêmes Libraires: des exemplaires de *Manco-capac*, des *Druides*, & de *Virginie*, *Tragédies de l'Auteur.*

www.ingramcontent.com/pod-product-compliance
Ingram Content Group UK Ltd.
Pitfield, Milton Keynes, MK11 3LW, UK
UKHW022110190726
13855UKWH00002B/763

9 782013 048040